Der Esel steht

Durch Südfrankreich mit einem charmanten Langohr

Von Erik Kormann

Ich danke:

Marie-Ange Benoit von Le Mas des Ânes, Doriane Scolan und Vick (†) für die praktische Hilfe und die fortdauernde Freundschaft.

Meinem Vater Dr. Joachim Kormann und meiner Freundin Xenia Trost.

Narcisse, dem verfressendsten Houdini aller Zeiten, der mit etwas Glück bald in meiner Nähe leben wird.

Urlaub & Natur, Lupe Reisen für die Organisation der Reise.

Meinen Freunden Ulrike und Daniel Riegelmann für die Unterstützung und den Mut.

Anja Scharfenberg und Matthias Honnacker – ihr hattet die Idee, die ganzen Abenteuer aufzuschreiben.

Und nicht zu vergessen Baloo (†), dem freundlichen Riesen von Le Plagnal.

Ich danke euch allen.

Inhalt

Vorweg

Das Glück hat vier Beine und zwei schöne, lange, flauschige Ohren. Allerdings hat das Glück gerade jetzt beschlossen, wieder eine Pause einzulegen, und deshalb rührt es sich nicht von der Stelle. Keinen Zentimeter. Manchmal ist es schwierig mit dem Glück. Es geht weder vor noch zurück, keiner meiner Tricks scheint zu helfen, und ich frage mich, wie ich ihm wohl diesmal Beine machen könnte. Was ist zu tun, damit der Graue sich in Trab setzt und wir unser Tagesziel noch erreichen? Ich weiß, die letzten Tage waren nicht leicht. Mir machen die vielen, langen Anstiege ebenfalls zu schaffen. Doch irgendwie muss es weitergehen – die Aussicht auf eine warme Dusche und ein richtiges Bett finde ich verlockender als eine weitere Nacht im Wald. Ob er es darauf anlegt? Los, beweg die Hufe oder ich zieh dir die Ohren lang! Ich will ein richtiges Abendessen mit mehreren Gängen, ich will eine Dusche und ich will ein Bett. Auf, auf mein grauer Freund, komm weiter. Nein?

Mein Esel steht da wie ein Denkmal und schaut mich an, als könne er Gedanken lesen. Nur, warum läuft er dann nicht? Sollte ich aussprechen, was mich bewegt? Mir ist zwar grad nicht nach

Links: Da stehen wir, mein Wanderesel Narcisse und ich – glücklich

schimpfen, aber unverblümt aussprechen, was mir auf der Zunge liegt, das bekomme ich auch bei bester Laune hin. Es ist ein gutes Gefühl, nach Herzenslust fluchen zu können. Zum einen ist der Esel Franzose und versteht mich garantiert nicht, zum anderen sind wir hier draußen im Wald völlig allein. Wer sollte mich hier schon hören? Blöder Esel! Na? Was habe ich dir gerade gesagt?

Ich schnappe mir eines seiner flauschigen Ohren, drücke ihm einen Kuss auf die Stirn und atme tief ein. Wie wunderbar mein Eselchen duftet. Narcisse steht still; es scheint, als würde er in den Wald hineinlauschen. Was ist los, Narcisse? Da ist nichts. Seit Stunden sind wir allein unterwegs, und den kleinen Bach da unten, den höre sogar ich mit meinen Ohren. Komm, beweg dich! Ich streichle ihn unterm Kinn und drücke vorsichtig eins meiner Ohren in eins von seinen. Ganz so, wie man es mit Muscheln macht. Plötzlich höre ich Geräusche, die vorher nicht vernehmbar waren. Plötzlich sind da viel mehr Vögel, und von ganz weit her trägt der Wind Gesang herbei. Tolle Ohren. Das war es also! Du Herdentier wartest auf die anderen Wanderer? Willst ein Stück mit einer Gruppe laufen? Gerne doch. Lassen wir uns überraschen, wer da kommt, und bis dahin machen wir eine Kaffeepause. Möhre?

Da sitze ich – Erik Kormann, geboren in Leipzig und seit 39 Jahren Berliner – nun alleine im Wald und koche Kaffee. Seit zehn Tagen und fast 200 Kilometern ist der Esel meine einzige Gesellschaft. Gut sind wir vorangekommen, und während das ewig hungrige Langohr eine Schneise der botanischen Verwüstung quer durch die Ardèche geschlagen hat, erlebten wir jede Menge Abenteuer. Wir sind durch Gegenden gewandert, wie man sie sich schöner kaum vorstellen kann. Gut, er hat einen Großteil der Landschaft aufgefressen, er ruinierte Blumenkübel vor Cafés, Hotels und Geschäften, bediente sich auf dem Markt hinter meinem Rücken bei den Endivien, brach mehrfach nachts aus seinem Gehege aus und hat mich doch jeden Morgen immer wieder freudig mit seinem lang gezogenen I-ah begrüßt. Ich bin jetzt seine Herde, er ist mein Freund, und nach anfänglichen kleinen Machtkämpfen hat er akzeptiert, dass ich die Ansagen mache und mich dafür mit viel Zuwendung, Möhren, trocken Brot, Hafer und Streicheleinheiten revanchiere. Ob er weiß, wie dankbar ich für seine Gesellschaft bin?

Fast schon mein ganzes Leben lang trage ich die Idee zu dieser Reise mit mir herum – das Reisen und das Tragen gehören eng zusammen. 50 Jahre musste ich alt werden, um mir diesen Wunsch erfüllen zu können, und nun wurde ein richtiges Abenteuer daraus. Allein mit einem Esel auf den Spuren von Robert L. Stevenson durch Südfrankreich. Zehn Wandertage, etwa 230 Kilometer und reichlich Zeit für die eigenen Gedanken. Genau das hatte ich mir gewünscht.

Meine Eltern konnten natürlich nicht ahnen, dass Stevensons Büchlein „Reise mit dem Esel durch die Cévennen“ zu einem Herzenswunsch für mich werden sollte, einer Idee, der ich viele Jahre hinterherträumen würde. Aber ständig keine Zeit, kein Geld und keine Gelegenheit. Es gab Tage, da spürte ich schon die Enttäuschung über das in weiter Ferne entschwindende Ziel. Ich war drauf und dran, das Scheitern meiner Idee klaglos zu akzeptieren, wie ein Unglück, das ich selbst herbeigedacht hatte. Die Frage war nur, warum ich zu oft der Traurigkeit und nicht den Träumen folgte. Wer oder was hielt mich denn zurück? Esel gibt es doch fast überall.

Als Sohn einer bulgarischen Mutter und eines deutschen Vaters hätte ich leicht in den Sommerferien einen bulgarischen Esel durch die Rhodopen führen können. Überhaupt kein Problem. Unsere Familie besitzt oben in den Bergen, keine Autostunde von Plovdiv entfernt, in Ravnogor ein Häuschen, und die Bäuerin von nebenan, eine zahnlose, alte Frau, der ich oft beim Butterstampfen zusah, besaß sogar zwei Esel. Sie zu fragen wäre gar kein Problem gewesen.

Hallo Tantchen, kann ich mal einen Esel haben? Das hätt’ ein schönes Theater gegeben. Ich seh es deutlich vor mir, wie sich die

Bäuerin mit ihrer schwarzen Kittelschürze die Lachtränen aus dem Gesicht wischt und die Bauern mir spöttisch hinterherwinken. Da schaut euch den deutschen Bengel an, wie er mit einem Esel spazieren geht. Seht doch nur, da laufen zwei Esel: vorn einer aus Deutschland und dahinter ein Bulgare! Ein Halbbulgare, so wie ich. Was für ein Fest, und dazu stimmt mein Cousin wieder sein „Erich Honneckel, Erich Honneckel“ an. Nachdem Krasimir erst mal mitbekommen hatte, wie sehr es mich ärgerte, wenn er aus Erik Erich machte, zog er mich bei jeder Gelegenheit damit auf. Erich Honneckel spaziert mit einem Esel!

Nein, die Eselwanderung musste noch warten. Spätestens zum 65. Geburtstag aber würde ich mich auf den Weg machen. Stevenson war damals zwar jünger als ich sein würde, aber er war lungenkrank und ich wäre natürlich gesund. So der Plan. Gleichstand nach Punkten. Wie konnte ich denn ahnen, dass Günter Schabowski mir schon 1989 die Erlaubnis zu jeder Eselwanderung dieser Welt erteilen würde. Danke.

Aber auch nach dem Mauerfall waren wieder erst mal andere Dinge wichtiger, und so dauerte es noch einmal 27 Jahre, bis ich endlich einen Esel hinter mir herzerren durfte. Egal, was für Pläne ich mache, nie läuft es so, wie ich es mir wünsche. Aber soll ich deswegen Trübsal blasen? Irgendwie habe ich mich an diesen Zustand gewöhnt. Letztendlich geht es doch immer auf die eine oder andere Weise weiter. Man muss nur erst mal loslaufen.

Hast du gehört, Narcisse? LOSLAUFEN! Ich wäre nämlich eigentlich lieber mit dir allein. Immer diese Wandergruppen, und dann sind die auch noch so laut und so fröhlich. Magst du dich nicht doch aufraffen? Es ist schöner nur mit dir. In deiner Gesellschaft fühle ich mich wohl, da ist nichts, was fehlen würde.

Für eine bestimmte Zeit ist dieser Esel hier mehr als genug. Geduldig folgt er meinem Ziel und hat sich meinem Empfinden nach an das Alleinsein mit mir gewöhnt. Schön ist das Alleinsein, wenn man nicht einsam ist. Als ich anfing, dies zu realisieren, wurden die Wanderpläne konkret, nahmen die Träume Gestalt an. Es war wie ein Loslassen von alten Gewohnheiten. Festhalten und loslaufen schließen sich nun mal aus. Wobei der Esel im Moment mehr so am Feststehen interessiert zu sein scheint. Na gut, wenn du nicht zu mir kommst, dann fress' ich die Möhre selber. Mitleidig guckt der Esel mich an. Er weiß zu gut, dass da noch viel mehr Möhren in der Tasche sind und mir meine Hartherzigkeit in Kürze leidtun wird. Durchschaut von einem Esel. Ach, mach doch, was du willst.

Wer mit einem Esel alleine wandert, sollte Ruhe und Fürsichsein gut aushalten können. In Kombination mit einer Eselwanderung darf man diese beiden Zustände übrigens nicht mit einer Meditation verwechseln. Der Esel nimmt viel Raum ein, schnell holt einen das Grautier auf den Boden der Tatsachen zurück. Nachdenken, sich über etwas klar werden, träumen, den Gedanken freien Lauf lassen und zugleich voranspazieren, während der Esel die Sachen trägt, das sind romantische Vorstellungen, für die sich der Esel mit Sicherheit nicht interessiert. Wenn der erst mal steht und das Tagesziel mit der untergehenden Sonne im dunklen Wald entschwindet, wird aus dem Selbstfindungstrip schnell eine Wanderung im Mondschein. Halt, was war das für ein Geräusch? Ein Wolf? Das Handy hat plötzlich keinen Empfang, der Akku ist natürlich runter, ganz in der Nähe knackt ein Ast, und der Esel spitzt die Ohren. Der perfekte Augenblick für eine kleine Panik. Hiiiiilfeeeeeee.

Allein mit einem Esel auf eine lange Wanderung zu gehen ist alles andere als kinderleicht. Ohne gründliche Vorbereitung und zahlreiche Übungstouren durch die Uckermark mit Esel Leo wäre ich schon am ersten Tag gescheitert. Esel sind vorsichtige Tiere, die nicht immer und sofort tun, was wir von ihnen erwarten. Nur mit Bedacht folgen sie unseren Anweisungen. Für so manchen Schritt ist viel Vertrauen nötig. Esel lehren uns, was es heißt, NEIN zu sagen, und wer eine Beziehung zu seinem Wandergefährten aufbauen will, der sollte sich schnell darauf einstellen. Versuchen Sie, das Neinsagen, das Stehenbleiben und Innehalten als Tugenden zu begreifen, die in einer Zeit permanenter Flexibilität und Verfügbarkeit durchaus zur Nachahmung anregen können. Sagen Sie NEIN! Benehmen Sie sich wie ein Esel und verlieren Sie nicht Ihr Ziel aus den Augen. Man hat eben nicht nur Zeit für die eigenen Gedanken. Die ständige Beschäftigung mit dem Selbst bringt einen zu Beginn einer Eselwanderung nicht weiter, und allein ist man auf keinen Fall. So ein Esel ist präsenter, als man denkt, und er kümmert sich herzlich wenig um fremde Gemütszustände. Wer sich selbst finden will, der sollte mit sich selbst wandern. Ein Esel nimmt keine Rücksicht. Keine Chipstüte, in die er seine Nase nicht steckt (egal wem sie gehört), keine Pause ohne seinen Kopf im Arm. Mir ist nach Alleinsein, dem Esel ist nach Herde, und genau deshalb stehen wir jetzt hier. Ich halte Distanz für einen Zivilisationsgewinn, meide volle Fahrstühle und hasse Massenaufläufe, während der Esel nichts lieber tut, als genau dorthin zu rennen, wo schon viele Esel oder Wanderer sind. Unterschiedlicher könnten die Interessen kaum sein. Im Grunde seines Herzens ist Narcisse ein verfressener Faulpelz, der nur darauf zu warten scheint, dass ihm die Butterblümchen ins Maul wachsen, und zwar am liebsten in Gesellschaft. Ich dagegen bin gern dort, wo ich gerade nicht bin, liebe es, in Bewegung zu sein, und möchte oft gar nicht ankommen. Kaum etwas stimmt so traurig wie das Ziel, weil dies zugleich ein Endpunkt ist. Lass dich kraulen, mein lieber Narcisse, gleich ist die Wandergruppe da. Mal ist die Einsamkeit das Glück, mal kommt es in Gestalt einer kleinen Wandergruppe singend um die Ecke. Bitte versprich mir, nicht alles zu fressen, was man dir hinhält!

Die gut 20 Damen und Herren eines Wandervereins, die ebenfalls auf der Strecke unterwegs sind und uns jetzt eingeholt haben, freuen sich sehr, uns zu sehen. Vor allem freuen sie sich wohl über meinen Esel. Endlich Gelegenheit für ein Fotoshooting. Ein Foto mit Esel, und schon ist man zum Stevenson geadelt. Fast jeder möchte ein Bild, fix noch einen Schluck aus der Thermoskanne und dazu ein Stückchen Apfel. Jaja, geben sie ihm ruhig was davon ab, und nein, es ist kein schwangeres Eselgirl, es ist ein dicker Eselboy. Narcisse wandert und nimmt dabei zu.

Dann werden die Rucksäcke wieder aufgesetzt – und schon startet das Langohr durch. Auf geht's mit Schwung den Berg hinauf. Es ist doch gut, sein Glück zu teilen. Die Damen und Herren haben ihre Eselbilder, und ich habe einen Esel, der jetzt wie ein Sechszylinder den Berg hochschnurrt. Dicht fliegen die ersten Nebelwolken über unsere Köpfe hinweg. Ganz vorsichtig zupfe ich Narcisse am Schwanz. Mach nicht ganz so schnell, mein Süßer, wir haben es nicht eilig. Jetzt bin ich es, der trödelt und auf die Bremse tritt. Soll die Wandergruppe ruhig vorauseilen. Wir haben alle Zeit der Welt. Da unten im Tal kann ich bereits unser nächstes Ziel sehen, und hier oben ist es so schön ruhig.

Es hat einige Tage gedauert, und wir haben so manchen Kampf miteinander ausgefochten. Doch weil wir inzwischen auch gemeinsam wandern können, ohne dass ich Narcisse permanent antreiben muss, bleibt genügend Zeit für eigene Gedanken und Erinnerungen. Ich sehe mich in Le Plagnal, wo wir uns kennenlernten und eine erste gemeinsame Übungstour unternahmen. Da sind Marie und Vick und der riesige Baloo, die ewig schimpfende Gänsepolizei und all die anderen Esel. Vom ersten Moment an habe ich mich hier wohlgefühlt.

Ein kleines Wölkchen fliegt direkt auf uns zu, das Eselchen legt die Ohren an, und für einen kurzen Moment verschwinden wir beide selbst, zusammen mit der Welt um uns herum, im kühlen Nebel. Wie in Zuckerwatte eingehüllt stehen wir da und warten ab, bis unser Weg wieder sichtbar wird … glücklich.

Le Plagnal – Sturm im Paradies

Ein eisiger Wind pfeift gnadenlos über die Landschaft, im Abendlicht sehe ich unzählige Esel, und aus dem Schatten des Hause erhebt sich ein riesiger Hund, der mich misstrauisch mustert und vorsichtshalber kurz bellt. Langsam fahre ich etwas dichter ans Haus heran. Keine Sekunde später ist die Eisenkette, die den Hofhund hält, zum Zerreißen gespannt. Was für ein Ungetüm! Gut, gut, überzeugt, ich fahre wieder etwas zurück. Prompt verstummt das Bellen. Es heißt ja, Hunde, die bellen, beißen nicht. Aber so wie der aussieht, tut er garantiert beides. Oder er kennt die Regel nicht. Lust, es herauszufinden, habe ich jedenfalls keine. Ist denn niemand zu Hause? Gibt es vielleicht eine Klingel am Haus? Bei dem Gebell eigentlich nicht nötig, und wenn ja, wie sollte man die erreichen? Zu allem Überfluss kommt jetzt auch noch ein Gänserich mit ausgebreiteten Flügeln laut schnatternd aus seinem Stall marschiert. Er gibt zuerst dem Hund eins drüber und attackieret dann sofort mein Auto. Hier scheinen raue Sitten zu herrschen. Langsam lasse ich das Auto zurückrollen. Nach

Links: Lunatischer Esel – Narcisse wandert frei umher

30 Metern kehrt Ruhe ein, der Ganter ist wieder verschwunden und der Hund hat wohl erkannt, dass ich kein Gegner für ihn bin. Langsam öffne ich die Autotür und gehe zu den Eseln. Ob sich wohl so etwas wie eine Vorahnung bei mir einstellt, mit welchem der Tiere ich unterwegs sein werde? Wissen die Tiere, was es bedeutet, wenn Besuch vor der Tür steht? Kennen sie die Route?

Es ist interessant, wie verschieden sie reagieren. Von Neugier bis Desinteresse ist alles dabei. Die einen machen einen langen Hals, andere bleiben in der zweiten Reihe, und jetzt kommt auch noch einer im Rückwärtsgang an und hält mir seinen Hintern hin. Einzeln oder in kleinen Gruppen verteilen sich schätzungsweise 30 Esel über das Gelände. Einige fressen, andere stehen nur so rum. Was macht ein Esel, wenn ihm langweilig ist? Kennen Tiere überhaupt solche Zustände? Darf ich mir einen von denen aussuchen?

Inzwischen ist es völlig dunkel geworden. Ich habe nicht die geringste Lust, mein Zelt aufzubauen. Der kräftige Wind hat sich in ein hübsches Stürmchen verwandelt, und richtig kalt geworden ist es außerdem. Den Frühling in Südfrankreich hatte ich mir anders vorgestellt. Hoffentlich wird das Wetter noch besser.

Schnell hole ich aus dem Kofferraum meinen Schlafsack, schlüpfe in einen ollen Trainingsanzug, putze mir mit etwas Sprudel die Zähne, klappe den Autositz so weit wie möglich zurück und krieche mit gemischten Gefühlen in meinen Schlafsack. In das Toben des Sturms mischen sich die ersten unsicheren Gedanken. Warum ist niemand hier? Ist das alles richtig so? Wird wenigstens morgen früh jemand kommen, um mich zu begrüßen? Mit diesen Gedanken schlafe ich schließlich ein.

Zwei Stunden später schrecke ich schlagartig hoch und drücke sofort auf die Türverriegelung. Meine Reflexe funktionieren noch. Ich bin hellwach. Ängstlich sehe ich mich um, und obwohl ich in der Dunkelheit nichts und niemanden erkennen kann, fühle ich mich beobachtet. Müsste der Hund nicht bellen? Lebt er noch? Ich

Autospiegel haben die perfekte Form, um sich mal die Nase zu kratzen

habe eindeutig zu viele Gruselfilme geschaut. Mein Herz rast, und weil der Wind einige Wolken zur Seite geschoben hat, erleuchtet der Mond von einem Moment zum nächsten die Umgebung und taucht alles in eine gespenstische Mischung aus Schatten und Helligkeit. Noch einmal schaue ich nach rechts und links, dann in der Rückspiegel – und mich trifft fast der Schlag. Da steht ein Esel und guckt mich an. Alter Schwede, hast du mich erschreckt. Wo kommst du denn her? Ich lasse das Seitenfenster herunter, und im nächsten Augenblick steckt der ganze Eselkopf im Auto. Na hallo, rennst du hier draußen alleine rum? Bist du ausgebüchst? Darf's etwas von dem trockenen Brötchen sein?

In aller Ruhe inspiziert der Esel den Innenraum des Autos und knuspert in Nullkommanix das harte Brötchen weg. Minuten später schlafe ich beruhigt ein und wache erst am nächsten Morgen wieder auf, weil das Auto leicht wackelt. Der Esel steht direkt neben dem

Auto, reibt sich den Hintern an der Tür und nutzt anschließend den linken Außenspiegel, um sich damit in der Nase herumzupopeln. Praktisch, denke ich mir, und blicke in Richtung Haus. Noch immer keiner da. Langsam werde ich echt unruhig. Türe auf, Esel rein. Ich habe sofort seinen Kopf im Arm. Es tut unheimlich gut, den Esel umarmen zu können. Fest drücke ich mein Gesicht in sein Fell. Er riecht gut, der Esel, nach einer Mischung aus Moschus und Heu, und seine Ohren sind wunderbar flauschig. Immer wieder streichen meine Finger durch sein Fell. Ich kann gar nicht genug von diesem herrlichen Duft bekommen. Besonders die Stirn hat es mir angetan. Was für ein göttliches Parfum. Eau d'Esel.

Die frische Luft ist angenehm kühl. Sie schmeckt nach Regen und Gras. Wenn nur ein paar Menschen da wären. Ich hole mir aus dem Kofferraum etwas Essbares, greife eine Tüte Wiesenbussi-Pellets und setze mich, weil es draußen zu kalt und ungemütlich ist, wieder ins Auto zurück. Für mich gibt's ein hart gekochtes Ei, den traurigen Rest eines belegten Baguettes vom Vortag, und der Esel verputzt eine Handvoll Leckerlis. Die vorsorglich eingepackten Wiesenbussis – ein gesunder Snack für alle Huftiere – kommen gut. Ich werde den Knabberspaß wohl etwas einteilen müssen.

Das Wetter und die ganze Situation schlagen merklich auf meine Stimmung. Was, wenn niemand kommt, niemand von mir und meinen Reiseplänen Kenntnis hat? Warum ist niemand hier, um sich um die Tiere zu kümmern? Warum begrüßt mich niemand? Lässt man mich nicht ins Haus, weil ich vor der verabredeten Zeit angekommen bin? Das sind zwar typische Erik-Gedanken, und an schlechten Tagen wäre ich locker imstande, daraus ein Drama zu konstruieren, doch für den Moment – vielleicht auch für die Zukunft – will ich es besser machen und überlege, was ich tun könnte. Etwas Sinnvolles, das mich ablenkt und auf andere Gedanken bringt. Selber die Initiative ergreifen, nach Langogne fahren und lecker frühstücken? Das Städtchen ist keine zehn Kilometer entfernt. Dort gibt es bestimmt einen Bäcker oder ein kleines Bistro. Vielleicht sogar mit Toilette und einem Waschbecken dazu? Das ist der Stoff, aus dem die Träume moderner Wanderer sind. Toilette, Waschbecken, warmes Wasser, ein Café und dazu Internet, Telefon und all die anderen Annehmlichkeiten unserer Zeit. Robert L. Stevenson hätte nur ein Telegramm schicken können. Wozu also die Panik? Ich beschließe, mich noch etwas in Geduld zu üben. Allein bin ich ja nicht.

Keine drei Meter vom Auto entfernt steht die Eselherde hinterm Zaun und beäugt mich vorwurfsvoll. Trocken Brot für alle, lautet das Motto, doch noch während ich zum Kofferraum gehe, um die Vorräte zu prüfen, kommt ein alter Jeep den Weg herauf. Wie schön, ein Mensch.

König vom Eselhof

Hi, I'm Vick", tönt es mir auf Englisch entgegen. Gott sei Dank, kein Franzose. Einige Freunde hatten gar meinen Mut bewundert, weil ich ohne die geringste Kenntnis der französischen Sprache so eine Reise unternahm. Warum nicht, habe ich dann immer bei mir gedacht. Ich wandere mit einem Esel, und ich bezweifle doch sehr, dass den meine nicht vorhandenen Französischkenntnisse interessieren. Ein bisschen Sorgen hatte ich mir wegen der Sprache aber schon gemacht.

Vick stellt sich als Kanadier vor, der irgendwann in Frankreich hängen geblieben war. Gemeinsam laden wir das Auto aus und gehen in Richtung Haus, wo der Hofhund mich erst mal beschnuppert. Unwillkürlich muss ich daran denken, dass der Riese seit gestern Abend nichts zu fressen hatte. Kannst du nicht woanders schnuppern? Baloo, ein hühnenhafter Kaukasier, wird von der Kette gelassen und folgt uns gemächlich ins Haus. Im Nu ist der Futternapf von der Größe eines Woks leer gefressen, danach brezelt sich Baloo direkt neben den Ölradiator, was geruchstechnisch echt die Härte ist.

Links: Na, gibt's ein Leckerli? Die Eselschar im Mas des Ânes in Le Plagnal ist neugierig auf den Besucher

Vick macht Kaffee, schaltet die Glotze ein und erzählt und erzählt. Kanada, Frankreich, Nachrichten, alles wild durcheinander. Es dauert eine Weile, bis ich fragen kann, mit welchem der Esel ich unterwegs sein werde. „Ihr habt euch doch schon kennengelernt. Der Typ, der frei draußen rumläuft. Der wird dein Esel sein."

Draußen rumlaufen ist gut. Der Typ ist uns ins Haus gefolgt und steht nun hinter uns in der Küche, was einen ordentlichen Wutausbruch Vicks zur Folge hat. Er schmeißt den Esel aus dem Haus, wählt eine Nummer auf dem Handy, flucht zweisprachig vor sich hin und drückt mir sein Telefon in die Hand. „Hallo Erik, hier ist Marie", höre ich auf der anderen Seite. „Du bist für heute der König vom Eselhof. Heute musst du auf alle Esel, Gänse, Katzen und den Hund aufpassen."

Marie spricht perfekt Deutsch, was für ein Glück! Wir verabreden uns für den frühen Abend, um alles zu besprechen, bevor es morgen früh losgeht. Bis dahin wird Vick mir die Ausrüstung für den Esel zeigen und alles erklären. Anschließend kann ich mit Narcisse, so heißt mein Wanderesel, eine Übungsrunde laufen.

Keine Stunde später bin ich wieder allein, herrsche über 26 Esel, zahlreiche Gänse und Hühner, den großen Baloo, Haus und Hof und weiß, wie das Tragegestell auf dem Rücken des Esels befestigt wird. Ich bin da, glücklich angekommen in Le Plagnal auf dem Hof Le Mas des Ânes von Marie.

Bevor es auf eine kleine Übungs- und Kennenlerntour geht, binde ich Narcisse vor dem Haus an, packe ihm – so wie Vick es mir gezeigt hat – das Tragegestell auf den Rücken, stecke mir etwas Verpflegung ein und überlege, ob ich Baloo raus ins Freie schieben soll. Doch wenn ich ihn mir so schlafend neben der Heizung anschaue, dann bringe ich das einfach nicht übers Herz. Aus Vorsicht drehe ich den Ölradiator etwas runter, streichle kurz über den massigen Schädel und gehe aus dem Haus. Sorgen mache ich mir nicht. Drinnen schläft ein Riese, hier draußen wacht die Gänsepolizei. Wer sollte schon kommen, während wir einen ersten Spaziergang machen?

Den Esel am Führstrick geht es den Weg hinunter, vorbei an der Herde, und noch bevor wir die Straße erreichen, gerät der Eselmotor ins Stocken. Er macht ein paar Schritte, schaut zurück und zack. Mein Wanderesel bleibt wie angewurzelt stehen und signalisiert, dass er keinen Schritt weitergehen will. Nicht einen. Hör mal, Freundchen, muss ich dir die Bezeichnung Wanderesel erst erklären?

Weit sind wir nicht gekommen. Wir stehen keine 200 Meter vom Haus entfernt und der Kampf beginnt. Zuerst geduldig bleiben, sage ich mir, dann alle meine Tricks ausprobieren, und wenn die auch nichts bringen, werde ich dem Esel mittels Kraft unmissverständlich klarmachen, wer hier der Boss ist. Auf meinen uckermärkischen Vorbereitungstouren hat Esel Leo auch immer versucht, mich aufzuhalten. Ich habe gelernt, nicht gleich zu verzweifeln, nur weil der Esel plötzlich keine Lust mehr hat.

Erst mal tut sich nichts. Wir stehen auf dem kleinen Weg, der hinunter zur Straße führt. Die Herde auf der anderen Seite hinterm Zaun schaut uns interessiert zu. Wie ich es hasse, vor Publikum zu stehen! Ob die wohl Wetten auf uns abschließen? Was würden die wohl auf mich setzen? Wie oft hat der Kerl dieses Spiel schon gespielt? Meint er wirklich, er hätte eine Chance? Von mir aus kann er sich einige Minuten sammeln und noch einmal kurz zurückschauen. Mehr gestatte ich nicht, und es werden auch keine Butterblumen gefressen. Stehenbleiben wird nicht belohnt. So weit kommt's noch!

Nach 15 Minuten nehme ich ihn am Halfter und drehe ihn einmal im Kreis, weil die seitwärts gerichtete Bewegung für Esel nicht zu verhindern ist. Klar, einen ausgebildeten Wanderesel kann man mit solchen Tricks natürlich nicht überlisten. Aber einen Versuch war es wert. Trotzig lässt er sich um die eigene Achse drehen und steht sofort wieder still. Für einen Moment geht es vorwärts, doch wenn wir so weitermachen, dann wird uns beiden noch schwindlig. Drehen funktioniert also nicht. Aber von einem Esel werde ich mir nicht auf der Nase herumtanzen lassen. Ich gebe kräftig Zug auf die Leine und halte die Spannung aufrecht. Ganz offensichtlich hat er damit nicht gerechnet. Hier zahlt sich der Kraftsport endlich mal aus. Einmal versucht er sogar, mit mir im Schlepptau wieder hoch zum Haus zu laufen. Er scheitert, stellt sich stur auf den Weg und schaut mich herausfordernd an. Ist das schon alles, was du draufhast, denke ich still bei mir. Gleich wird es unangenehm, mein Freund. Wer nicht hören will, muss fühlen.

Ich erhöhe die Spannung auf dem Strick so weit, dass er einen langen Hals machen muss, und in dieser unglücklichen Position verharren wir beide wie ein Standbild. Nach weiteren fünf Minuten scheint er sich bewegen zu wollen und deutet einen Schritt an. Netter Versuch, die Täuschung misslingt, der Führstrick bleibt gespannt. Diesen Trick kannte ich schon. Leo hat das auch so gemacht. Nicht mit mir. Wir stehen noch zwei Minuten, dann setzt er sich in Bewegung. Sofort lasse ich locker und wir laufen keine drei Meter. Man soll den Tag ja bekanntlich nicht vor dem Abend loben. Wieder bleibt der Esel nach wenigen Schritten wie angenagelt stehen. Du haust mich nicht übers Ohr!

Wir führen dieses Tänzchen unter den Augen der anderen Esel noch genau zweimal auf. Dann geht es plötzlich los und vorwärts und weiter. Wer hätte das gedacht? Es läuft wie geschmiert. Unser Weg führt über kleine Feldwege und wunderschöne Wiesen. Das Wetter wird milder, und wir kommen gut voran. Die Sträucher links und rechts der Wege sind voller Flechten und Moos. Über und über mit *Pseudevernia furfuracea,* der Elchgeweihflechte, sind die Äste der alten Weißdornhecken bedeckt. Alles wirkt kraftvoll und gesund. Ein Bild, in Pastelltönen gemalt. Tief einatmen und dem Urlaubsgefühl mehr Raum geben. Früher müssen hier Koppeln und Zäune gewesen sein. Hier und da finden sich verrostete Drähte im

Baloo, der freundliche Wächter des Eselhofs

Gehölz, alte Absperrungen, die die Landschaft in Weide und Wildnis teilten. Die Kleinteiligkeit der Parzellen garantiert die Vielseitigkeit der Natur. Auf ungenutzten Feldern zeigt sich das Kraut vom Gelben Enzian; schon bald werden sich die leuchtend gelben Blüten öffnen. Teppiche von kleinen Stiefmütterchen säumen die Ränder der Wiesen, in den Gräben sprießen Lilien, und der wilde Thymian zwischen den Steinen betupft den Weg in zarten Blautönen. Die Natur liegt in den Startlöchern für ein einzigartiges Schauspiel, und ich bin mittendrin. In wenigen Wochen schon, wenn die Hitze des Sommers gnadenlos alles vertrocknen lässt, die Ferienzeit beginnt und überall Heerscharen von Urlaubern anzutreffen sind, wird es vorbei sein mit der Ruhe. Hier und jetzt bin ich richtig.

Irgendwo weit hinter mir muss Langogne liegen, wo ich in einigen Tagen Station machen werde. Ich kann mein Glück kaum fassen. Den kommenden Tagen blicke ich zuversichtlich entgegen.

Wie friedlich und ruhig es hier ist. Nicht vorstellbar das Grauen der Jahre 1764–1767, als ein schreckliches Ungeheuer, das als „Bestie des Gévaudan“ zweifelhaften Ruhm erlangte, mehr als 100 Menschen tötete. Was, wenn es das Untier noch gäbe? Würde ich seelenruhig hier sitzen? Genau hier, im Département Ardèche, die zur Region Auvergne-Rhône-Alpes gehört, begann damals das Morden. Bis heute ist unklar, welches Tier dafür verantwortlich war. Klopft da mein Herz oder ist das ein Specht?

Von Angst keine Spur, das Reale der Geschichten ist verblasst, ich verspüre nicht den Hauch von Grusel. Die Bestie hat sich in einen Touristenmagneten verwandelt, und der sagenumwobene Stoff, Vorlage für zahlreiche Filme und Erzählungen, wirkt nur noch in den verschiedensten Künsten fort. Gut 250 Jahre später sind die Geschichten noch immer präsent; in vielen Gemeinden finden sich Malereien an Hauswänden, Skulpturen auf öffentlichen Plätzen und Souvenirs in Geschäften. Der Horror von damals als Faszinosum von heute. Solange der Esel nicht die Ohren spitzt, droht keine Gefahr. Wie alt werden Bestien eigentlich?

Ich setze mich auf einen großen Feldstein und schaue mir in Ruhe an, wie sich mein Eselchen über die gelben Butterblumen hermacht. Gewissenhaft und ohne Gnade pflügt er mit der Nase durchs Gras und hört erst damit auf, wenn kein Gelb mehr zu sehen ist. Es liegt etwas Zielstrebiges in seinem ganzen Verhalten. Fressen scheint eine Leidenschaft von ihm zu sein. Meine ist das Wandern. Also los, lass uns zurücklaufen. Komm, bevor du mir zu träumen anfängst und es wieder nicht vorwärts geht. Ich sehe, du wirst wählerisch. Das ist der passende Zeitpunkt für den Aufbruch.

Verpasst man den richtigen Moment für das Ende einer Pause, gerät Sand ins Getriebe einer jeden Eselwanderung. Auch Esel schätzen ein kleines Verdauungsschläfchen. Wer will schon vollgefressen wandern? Energisch springe ich auf, packe ihm alle Sachen auf den Rücken und starte ohne Zögern durch. Eindeutigkeiten funktionieren. Nicht immer, aber oft. Jedenfalls besser als unentschlossene Gesten und Kommandos. Ich und Kommando. Das ist auch so ein Thema.

Marie wollte mit Pizza vorbeikommen, und ich will mich noch einmal richtig ausruhen, bevor wir morgen die Wanderung beginnen. Also auf, zurück nach Le Plagnal, nach Hause. Ich will Marie kennenlernen und ich habe Hunger.

Ein leichter Regen hat eingesetzt, Nebel legt sich über die Felder. Erst verschlingt er die Farben, dann zusammen mit der Dunkelheit die ganze Landschaft. In diesen Momenten wird die düstere Geschichte vom mordenden Monster, der Bestie des Gévaudan, doch recht lebendig.

Eine Stunde später bin ich froh, Baloo wieder an meiner Seite zu wissen. Narcisse steht bei den anderen Eseln auf der Koppel, Vick macht Kaffee und Marie ist auf dem Weg. Ich bin aufgeregt wie ein Schulkind, weil morgen das größte Abenteuer meines Lebens beginnt. Ich versuche mir vorzustellen, wie es laufen wird. Laufen im wahrsten Sinne des Wortes. Werden wir gut vorankommen und unser Etappenziel schaffen?

„Hallo Erik. Ich bin schon da. Ich bin Marie. Hier ist Pizza. Und, bist du schon aufgeregt?“

Die Route

Marie ist wunderbar. Sie steckt voller Energie, und ihr immerzu lachendes Gesicht schafft in Sekunden Vertrauen und Nähe. Wir sitzen in der Küche, essen Pizza und besprechen die Details der Route. Früh muss es morgen losgehen, und es ist gerade der erste Tag, der ihr Sorgen macht. Diese Planung, enstanden aus der Not heraus, weil kein näher liegendes Quartier verfügbar war, gefällt ihr nicht. 24 Kilometer gleich zu Anfang sind eine echte Herausforderung. Ich erhalte genaue Instruktionen für alle möglichen Probleme mit dem Esel. „Du musst in Goudet unbedingt über die Brücke kommen, sonst ist die Reise dort vorbei. Du darfst vor der Brücke nicht anhalten! Sei in Gedanken auf der anderen Seite. Dass muss dein Ziel sein." Na, an mir soll's nicht liegen. Hat der Esel ein Problem mit Brücken? Ich hätte gern einen Esel ohne Brückenphobie.

Die Pizza ist großartig. Vick isst schweigend und sehr gewissenhaft Stück für Stück; Marie und ich reden über Esel, Gott und die Welt. Sie hat längere Zeit in Berlin gelebt. Den Fall der Mauer erlebte sie an der Oberbaumbrücke in Kreuzberg, während ich mit meiner Freundin auf der anderen Seite im Friedrichshain stand.

Links: Die Loire-Brücke in Goudet, Knackpunkt des ersten Tages

Wer hätte gedacht, dass wir uns fast drei Jahrzehnte später kennenlernen würden und eine Eselwanderung der Grund dafür ist.

Voller Stolz berichte ich von meinen Eselerfahrungen und den Übungsrunden mit Leo durch die Uckermark. Der olle Angsthase hat es mir auch nie leicht gemacht. Ganz unerfahren im Umgang mit Eseln bin ich nicht. Ohne diese Vorbereitung hätte ich mich wohl kaum in dieses Abenteuer gestürzt. Ich beschreibe das Zuhause in Köpenick und erzähle von Berlin. Hier, am Küchentisch in Le Plagnal, werden Maries Erinnerungen an den Mauerfall so lebendig und wahr wie meine Träume über Südfrankreich und die Eselwanderung. Zeitgleich, greifbar nah und unheimlich lebendig treffen unsere Geschichten aufeinander. Marie teil die Reste ihrer Pizza mit Vick, gibt Baloo ein Stück ab und erfindet ganz nebenbei ein Wort, das den ganzen Abend zusammenfasst: Wundergut. Anschließend drückt sie mir ein Büchlein über den GR70, den Stevenson-Wanderweg, in die Hand, und bevor wir uns für heute voneinander verabschieden, markieren wir schnell noch einige der problematischsten Punkte auf meinen Karten.

Morgen früh um 7 Uhr soll es losgehen. Mit einem etwas mulmigen Gefühl krieche ich in den Schlafsack. Was habe ich mir da nur vorgenommen? Ist diese Tour mit ihren großen Etappen überhaupt zu schaffen? Meine Gedanken gehen Stück für Stück die Reise durch: Morgen Start in Le Monastier-sur-Gazeille, über Goudet, wo wir die Brücke überqueren müssen, und weiter nach Le Bouchet-Saint-Nicolas. Übernachtung in der Auberge du Couvige. Der zweite Tag führt uns über Pradelles nach Langogne ins Hotel Les Terrasses du Lac. Tag drei wird spannend. Wir werden die alte Grafschaft Gévaudan durchwandern. Die Orte Fouzillic und Fouzillac liegen auf dem Weg, und nach ca. 16 Kilometern werden wir hoffentlich das Örtchen Cheylard-l'Évêque und das Refuge du Moure erreichen. Am 26. Mai, dem vierten Wandertag, kommen wir zuerst nach Luc, dann geht es weiter nach La Bastide-Puylaurent ins Hotel La Grande Halte. Am Tag fünf werden wir in Chasseradès das Hotel des Sources erreichen. Tag sechs führt uns weiter zu Nathalie nach Le Bonnetes ins Gîte de l'Escoutal, von wo aus es am siebten Tag über Bleymard ins Le Refuge am Mont Lozère geht. Schaffen wir die vielen Steigungen? Tag acht, und wir werden über den höchsten Punkt der Tour wandern. Wir überqueren den 1699 Meter hohen Sommet de Finiels und haben Le Pont de Montvert und die Auberge des Cévennes als Ziel. Hier hat Stevenson während seiner Reise zu Mittag gegessen. Am neunten Wandertag gelangen wir nach Mijavols und übernachten im Gîte d'Étape. Eine wohl sehr private Unterkunft. Wie werden wir uns unterhalten? Tags darauf führt unsere Route über Saint-Julien-d'Arpaon nach Cassagnas ins Espace Stevenson, bevor wir am 2. Juni die letzte Etappe nach Saint-Jean-du-Gard in Angriff nehmen.

Auf dem GR 70 sind Stevenson und Modestine allgegenwärtig

Unablässig rattern die Reisestationen durch meinen Kopf. Sind die fast 50 Kilometer an den ersten beiden Tagen überhaupt realistisch? Ist das zu schaffen? Wird der Esel wieder Zicken machen oder sind wir mit den Machtkämpfen schon durch? Ich sehe mich in Goudet an der Brücke, und im Traum trage ich den Esel samt Gepäck einfach drüber. Erst dieses, dann jenes, dann hier, dann dort. Es ist wie Schäfchen zählen: Tag eins, Tag zwei, Tag drei und weiter und weiter … und während Baloo neben mir herzhaft zu schnarchen beginnt, schlafe ich ein. Erst als draußen ein Auto hupt und Marie mich weckt, werde ich wieder wach. Es geht los.

Modellauswahl und Inbetriebnahme

Sollte einem der Sinn nach einer Wanderung in Eselbegleitung stehen, muss nach einem passenden Vierbeiner Ausschau gehalten werden. Zu beachten ist dabei nur, dass nicht jeder dahergelaufene Esel, der vielleicht hie und da rumsteht (Daherlaufen und Rumstehen müssen keine Widersprüche sein; Esel beherrschen beides), zu einer Eselwanderung geeignet ist. Von Geburt an, also in der Grundausstattung, sind Esel zwar fürs Wandern vorgesehen, doch es kommt auf das Feintuning an, und für diesen Zweck benötigt man ein Modell mit entsprechender Software. Darauf ist unbedingt zu achten! Ich kann aber versichern, dass die mir bekannten Anbieter von Wandereseln für jedes Unterfangen den passenden Vierbeiner vorrätig haben. Vor Reiseantritt überlege man nur, welche Leistungsparameter unbedingt benötigt werden. Zur besseren Orientierung hier ein kleiner Überblick.

Esel werden in drei Größen angeboten: Zwergesel bis 105 cm, Normalesel, zumeist als Hausesel bezeichnet, bis 135 cm und Großesel über 135 cm Widerristhöhe/Stockmaß. Eine durchaus wichtige Einteilung, die bei der Frage nach der Kofferraumgröße von Bedeutung ist. Zu bedenken ist nämlich, dass ein Esel höchstes 20 % des eigenen Körpergewichts als Gepäck tragen darf, wenn man gesundheitliche Schäden vermeiden will. Und nur das zählt an dieser Stelle. Ein paar Kilo weniger sind sicher nicht verkehrt.

Angetrieben werden alle vier Achsen. Die mittlere Reisegeschwindigkeit liegt bei ca. 4 km/h, die Bremsen funktionieren immer perfekt. Manchmal besser als der Motor. Selbst spezielle Farbwünsche lassen sich häufig erfüllen. Von hellgrau bis dunkelbraun ist alles erhältlich, reinweiß und komplett schwarz sind eher selten. Dafür gibt es hübsche Tarnmuster und Zierstreifen auf Rücken, Schultern und Beinen meist gratis dazu. Einige Esel haben kurzes Fell, andere tragen richtig Pelz, und bei den großen Poitous sind sogar Dreadlocks drin. Aber das alles sind Äußerlichkeiten, von denen man sich nicht leiten lassen sollte.

Wer also mit seiner Familie eine Eselwanderung unternehmen möchten, der sollte pro zwei Personen mit je 15–20 kg Reisegepäck wenigstens einen Groß- oder zwei Normalesel einplanen – Letztere dürfen maximal 20–30 kg Gewicht tragen. Auf keinen Fall sollten erwachsene Menschen auf einem Esel dieser Größe reiten. Klar, für ein Foto bricht ein gesunder Esel sicher nicht gleich zusammen,

Esel in allen Schattierungen – ist auch einer für Sie dabei?

Reisevorbereitungen – Maries Tochter Doriane hängt die Gepäcktaschen ins Tragegestell ein

wenn sich ein Erwachsener kurz auf ihn setzt. Aber bitte nicht auf dem Tier reiten. Das tut man nicht.

Sollten kleinere Kinder während der Wanderung ermüden und für eine Weile nicht mehr selber laufen wollen, dann entlasten Sie den Esel einfach von etwas Gepäck, bevor Sie ihm ein Kind auf den Rücken setzen. Das Kind sollte dabei einen Reiterhelm tragen. Ein stabiler Großesel, der vielleicht 30–40 kg Gewicht trägt, kann auch mal für eine Stunde ein Kleinkind schultern. Kein Problem. Ein kleiner Esel dagegen trägt auch nur kleines Gepäck – kann aber, falls er mal angeschleppt oder angeschoben werden muss, leichter wieder in Bewegung gesetzt werden, was man vorab bedenken sollte. Geht es mehr um die Gesellschaft, und hat der Esel nur ein paar Kosmetikartikel, einen Schlafsack und Proviant zu tragen, dann ist ein kleiner Esel in der Handhabung garantiert einfacher.

Eine Eselwanderung sollte nicht ohne vorherigen Kontakt zu einem Eselvermieter geplant werden, und bei der Streckenführung sollte man sich vorab unbedingt beraten lassen! Besser ist es, eine bereits bestehende Tour aus sicheren, gangbaren Wegen und Unterkünften zu buchen, die auf Mensch und Esel vorbereitet sind. Als Vorbereitung auf eine längere Wanderung sind zudem kleinere Tagestouren oder Wochenendausflüge mit Esel immer empfehlenswert. So bekommt man ein Gefühl dafür, was einen erwartet. Sollte es nämlich nicht gelingen, sich auf diese Tiere einzustellen, merkt man das besser während eines Wochenendtrips und nicht am Tag eins des Jahresurlaubs. Esel sind sehr, sehr unterschiedlich in ihren Verhaltensweisen. Was mit dem einen prima funktionierte, kann mit dem nächsten schon völlig in die Hose gehen. Einige dieser Eigenarten zu kennen kann nicht schaden.

Für den Anfang würde ich immer empfehlen, ein paar kurze Ausflüge in Eselbegleitung zu machen. Läuft alles wunschgemäß, kann mit den Planungen für eine längere Wanderung begonnen werden. Viel befahrene Straßen sind zu meiden, und alle Unterkünfte müssen so beschaffen sein, dass auch der Esel über Nacht gut versorgt ist. Städtereisen, Bus- und Bahnfahrten oder Ähnliches sind völlig fehl am Platz, und wer keinen Rundweg plant, der am Startpunkt endet, muss auch den Rücktransport für alle Beteiligten organisieren. Oft bieten Veranstalter von Eselwanderungen diesen Service gegen Aufpreis an. Auch Wassersport in Kombination mit einer Eselwanderung ist eher ungünstig. In Sachen Flüssigkeit ist jeder Esel mit einem Eimer Frischwasser völlig zufrieden.

OHREN
die „Augen des Esels"
SATTELTASCHE
wird rechts und links einzeln eingehängt, das Gewicht muss gleichmäßig verteilt sein
HALFTER
sitzt locker, dient nur als Halterung für den Führstrick
NÜSTERN
was der Esel nicht hören kann, das riecht er
BRUSTGURT
sitzt locker, verhindert das Nachhintenrutschen der Ladung
FÜHRSTRICK
im besten Fall braucht man ihn im Laufe der Reise immer weniger

TRAGEGESTELL
liegt auf der Satteldecke, hier werden die Gurte festgemacht und die Taschen eingehängt
RÜCKENTASCHE
hier kommt alles hinein, was der Esel braucht: Leckerli, Striegel, Hufkratzer, Bürste, Leine für die Pause etc.
SCHONBEZUG
eine Satteldecke zur Polsterung
REGENSCHIRM
gut bei Regen, um Krach hinter dem Esel zu machen und um streunende Hunde zu verscheuchen
ANTRIEB
der Motor ist hinten, von hier kommt die Kraft
BECKENGURT
sitzt locker, verhindert das Nachvornerutschen der Ladung
BAUCHGURT
sitzt fest, eine Handbreit Platz sollte aber schon noch sein

HB506

Startschwierigkeiten

Die Minuten verfliegen fast unbemerkt. Wie in Trance prüfe ich noch einmal mein Gepäck, sortiere die Gedanken und lade meine Sachen ins Auto. Alles packe ich ins Auto, auch die Sorgen, die ich ja eigentlich hinter mir lassen wollte. Das alles kommt mit.

Marie verfrachtet Narcisse in den Hänger, Vick stellt mir einen Kaffee hin, und nur Minuten später fahren wir los nach Le Monastier-sur-Gazeille, wo Robert L. Stevenson am 22. September 1878 seine Wanderung in Begleitung der kleinen Eseldame Modestine begann. Er wanderte, um sich abzulenken. Ich wandere um des Vergnügens willen. Robert L. Stevenson wollte die Zeit des Wartens und der Ungewissheit überbrücken, während ich die Bewegung in der Natur und meine Ruhe suche – Steinchen in den Schuhen und den Wind im Gesicht. Das sind meine Erwartungen an die kommenden Tage. Der berühmte Schriftsteller hätte die Zeit sicher gern vorgedreht, um so die Abwesenheit der geliebten Fanny zu verkürzen. Fanny Osbourne, Amerikanerin, Künstlerin, zehn Jahre älter als Stevenson und verheiratet mit Samuel Osbourne, wollte sich – zurück in San Francisco – alles noch einmal überlegen und sich viel-

Links: Narcisse ist herunter vom Hänger und gleich geht's los

leicht von ihrem Mann scheiden lassen. Würde sie es tun? Gab es für sie beide eine gemeinsame Zukunft? Wochen, gar Monate der Ungewissheit lagen vor Stevenson. Was gab es da Besseres als die Wanderung mit einem Esel? Nichts hilft besser gegen Zweifel und Unsicherheit als eine Eselwanderung. Ein Jahr später folgte er ihr nach Monterey, und im Frühjahr 1880 wurden die beiden in San Francisco von einem schottischen Pastor getraut.

Ich schaue aus dem Fenster, träume vor mich hin. Eine Stunde später halten wir direkt in Le Monastier-sur-Gazeille kurz an, damit ich am Gedenkstein für Stevenson ein Foto machen kann. „D'ici partit le 22 Septembre 1878 Robert Louis Stevenson pour son Voyage a travers les Cevennes avec un Ane" steht auf einer grauen, verwitterten Granitplatte, die an zwei großen Sandsteinblöcken befestigt wurde. Ein Blumenkübel darauf und ein Baum dahinter. Schmucklos und kalt wirkt das alles. Der leichte Regen drückt zusätzlich auf meine Stimmung. Was hatte ich denn erwartet und was erwartet mich? Ein paar Straßen weiter bergab durch den Ort, in der Nähe des Campingplatzes, hält Marie an. Jetzt beginnt meine Reise auf dem Wanderweg GR70. Narcisse wird gestriegelt, noch einmal prüfe ich seine Hufe, packe ihm das hölzerne Tragegestell auf den Rücken, hänge die Taschen dran, stecke ihm ein Leckerli zu, und während Vick schon wieder davonbraust, macht Marie ein Abschiedsfoto von uns. „Zeig ihm, wer der Boss ist. Dulde keine Spielchen." Ich spüre ihre Sorgen und nehme mir entschlossen den Führstrick; eine Minute später sind wir im Wald verschwunden. Haben wir nicht gestern schon alles geklärt? Vor uns liegen 24 Kilometer. Die Strecke führt über Goudet, wo wir die Loire überqueren, etwas westlich nach Le Bouchet-Saint-Nicolas zur Auberge du Couvige. Ein langer Weg für den ersten Tag. Zu lang?

Narcisse läuft und folgt mir widerwillig über steinige Wege stetig bergauf. Im Frühjahr müssen sich über diese Pfade wilde Sturzbäche ins Tal ergossen haben. Ist Stevenson wirklich diesen Weg gelaufen?

Das hatte ich mir anders vorgestellt. Damit der Esel meine Entschlossenheit spürt und gar nicht erst zögerlich wird, gehe ich zügig voran und gebe ein ordentliches Tempo vor. Wir sind schon mindestens 100 Meter weiter als gestern zu Beginn der Proberunde. Läuft doch. Zack. Zu früh gefreut. Der Esel steht.

Mistkerl, ist mein erster Gedanke. Dann entdecke ich weit unten im Tal Marie, die uns beobachtet und nun mit den Armen eine Kreisbewegung macht. Da war doch was. Richtig, der Heckantrieb. Fast springe ich mehr, als dass ich laufe, an Narcisse vorbei, fange böse an zu schreien, gebe ihm einen aufmunternden Klaps auf den Hintern und haue mit meinem Stock auf den Boden. Krach von hinten mag kein Esel. Es dauert nur Sekunden, und schon setzt Narcisse sich missmutig in Bewegung. Marie klatscht in die Hände, bravo, und ich atme tief durch. Dir werd ich's zeigen, du oller Esel. Lauf, weiter, lauf und Tempo. Der Weg ist furchtbar anstrengend, am liebsten würde ich mir einen Tee kochen und etwas essen. Doch weil wir nur langsam vorankommen, ist an eine Pause gar nicht zu denken. In Gedanken bin ich schon in Goudet auf der Brücke. Oder davor? Lieber darüber hinweg. Mal treibe und mal ziehe ich, mal fluche und mal lobe ich. Narcisse läuft und frisst und läuft und frisst. Irgendwann hört er auf zu laufen und frisst nur noch. Dann geht es 50 Meter weiter, dann 30, dann zehn. Die Abstände zwischen den Fresspausen werden kleiner, und in mir wachsen Wut und Entschlossenheit. Du versaust mir meine Reise nicht!

Als erste Erziehungsmaßnahme unterbinde ich das gelegentliche Fressen am Wegesrand – wer nicht läuft, soll auch nicht fressen. Anschließend erhöhe ich die Intensität des Krachs von hinten, und wenn es mal nicht bergauf geht, ziehe ich mit aller Kraft und gebe das Tempo vor. 24 Kilometer müssen wir schaffen, und ich habe nicht die geringste Lust, bereits die erste Nacht meiner Wanderung mit einem Esel allein im Wald zu verbringen. Ich drängle, fluche und schiebe, und immerhin kommen wir Stück für Stück voran.

Von oben scheint endlich die Sonne herab, der Wald wird lichter, die Landschaft lieblicher. Ich verspüre einen sanften Anfall von Optimismus. Da unten im Tal ist schon die Brücke von Goudet zu sehen. Kurz vor eins zeigt die Uhr und wir haben fast die Hälfte geschafft. Ich stecke meinen schönen Wanderstock in eine der Satteltaschen und nehme Narcisse kurz am Führstrick. Gemeinsam werden wir den Abstieg ins Tal locker meistern. Nur, warum steht der Esel schon wieder? Hier gibt es nicht mal seine geliebten Butterblumen. Hier ist nichts außer einer Kuhherde und einem Jungbullen, der wie ein Bulldozer auf uns zurast.

Was? Es dauert eine Sekunde, bis ich realisiere, was für eine Gefahr uns da droht. Hilflos schaue ich mich nach einem Baum um, hinter dem wir Zuflucht suchen könnten. Doch weit und breit nur Sträucher und dürre Äste. Der dünne Elektrozaun erscheint mir in Anbetracht der Situation wenig vertrauenswürdig, und Narcisse, der treulose Esel, nimmt die Beine in die Hand und rennt um sein Leben. Unglaublich, wie schnell sich ein Esel bewegen kann. Darüber reden wir noch! Das Gestell auf seinem Rücken schwankt wie ein Schiff in schwerer See. Im hohen Bogen fliegen die Gepäcktaschen rechts und links in die Landschaft. Du Feigling, du!

Schnaubend steht mir das Rindvieh gegenüber, und ich danke dem Herrn für die Erfindung des Elektrozauns. Scharrt der mit den Hufen? Ich bücke mich nach dem erstbesten Knüppel und werfe das Holzstück mit Schwung über den Zaun. Was für eine blöde Idee. Verglichen mit dem riesigen Vieh erscheint das Stöckchen wie ein Streichholz. Und der Esel? Der ist weg. Habe ich wirklich geglaubt, mit so einem Hölzchen dieses Monster aufhalten zu können? Meinem Esel gleich nehme ich Reißaus und renne um mein Leben. Wer weiß, wann der nächste Angriff startet. Ich sammle die Taschen auf und hoffe auf ein Funknetz unten im Ort. Wie soll ich es Marie nur erklären? Esel weg, ich habe den Angriff eines Bullen überlebt, bitte hol mich ab, ich kann nicht mehr. Alles ist mir egal. Nur weg von

Zwei Esel auf sechs Beinen – aber wir kommen gut voran

dieser Koppel und diesem wütenden Steak. Was für eine Schmach. In die Flucht geschlagen von einem Rindvieh.

Nach ungefähr 400 Metern entdecke ich Narcisse, wie er friedlich auf einer Wiese die Butterblumen abmäht. Mir fällt ein riesiger Stein vom Herzen. Ich nehme ihm das Tragegestell ab, koche Kaffee und lege mich ins Gras. Für einen kurzen Moment nicke ich ein und wache erst wieder auf, als der Esel mir die eine Tragetasche, die ich als Kissen benutzt hatte, unterm Kopf wegzieht. Er hat die Tüte mit den Wiesenbussis erschnuppert und will jetzt Leckerlis. Natürlich in Selbstbedienung. Habenwollen und zwar sofort! Sag mal, hat man dir keine Manieren beigebracht? Wir laufen jetzt über die Brücke, dann gibt's eine Belohnung. Alles klar?

Bis zur Brücke ist es nur noch ein Katzensprung. Wir meistern den schwierigen Abstieg ins Tal hinunter viel besser als befürchtet. Schnell erreichen wir die D 49 und laufen in Richtung Loire. Ich nehme all meine Energie zusammen, richte meinen Blick auf die andere Seite des Flusses, lege mir den Führstrick über die Schulter und steigere mit jedem Schritt das Tempo. Wir sind vor der Brücke, wir sind auf der Brücke, wir sind drüber und gut. Wir haben es geschafft. Schlimmer wird's schon nicht mehr werden. Hier Narcisse, hier sind die versprochenen Wiesenbussis.

Wir liegen zwar unheimlich gut in der Zeit – gemessen an dem Ärger und den Schwierigkeiten der ersten Stunden sind wir wirklich sehr gut vorangekommen. Doch in Gedanken bin ich in der Auberge du Couvige, wo ich duschen, essen und schlafen kann. Ich bin so fertig, ich schlafe in Gedanken. Hoffentlich ist das Essen ohne Kapern. Bitte lieber Gott mach, dass das Essen ohne Kapern, Weißkohl und Wirsing ist. Alles andere werde ich brav zu mir nehmen. Von mir aus auch Rosenkohl. Versprochen. Nur keinen Weißkohl-Wirsing-Auflauf an Kapern. In einem Land, in dem Weißkohl ein Kosewort ist, kann man diesbezüglich nicht vorsichtig genug sein. Komm mal her mein kleiner Chou-Chou. Doch der Esel fühlt sich nicht angesprochen. Es wird wohl an der Aussprache liegen.

Die folgenden vier Stunden sind mehr oder weniger aus meinem Gedächtnis gelöscht. Ich erinnere mich an einige leichte Steigungen, einen flachen, ausgebauten Weg mit etlichen Kurven. Beiläufig nehme ich in Goudet, links oberhalb der D 49, die Ruinen des Château de Beaufort war. Nach ein paar Hundert Metern biegen wir links auf einen sehr steinigen, ansteigenden Weg ab und erreichen schon bald Montagnac. Dunkel erinnere ich mich an die kleinen Dörfchen Ussel und Bargettes und registriere kurz vor dem Ziel den Weiler Preyssac, aber der Rest, der ist weg.

Wir folgen den rot-weißen Wegmarken und erreichen auf der D 31 pünktlich um 18 Uhr Le Bouchet-Saint-Nicolas, wo ich in der Auberge du Couvige ein wunderschönes Zimmerchen unter dem Dach beziehe. Es ist alles ganz modern eingerichtet, und das Bad ist ein Traum. Nach diesem Tag habe ich mir den Luxus wirklich mehr als verdient. Auch für meinen Esel ist bestens gesorgt. Alle meine Unterkünfte sind auf Eselwanderungen spezialisiert und bieten Versorgung für Mensch und Tier. Koppeln, Ställe, Heu und frisches Wasser. Alles da, was ein Esel braucht. Zusammen mit dem Chef bringe ich den Esel in sein Nachtquartier, dann dusche ich eine gefühlte Ewigkeit und setze mich anschließend in den Speisesaal, wo keine Minute später ein tiefer Teller mit einer köstlichen Suppe vor mir steht. Grüne Linsen, ganz typisch für die Gegend um Le Puy, sind mir zwar ein Begriff, doch für den Moment zählt allein die Sättigung. Während die anderen Gäste nur ein paar Löffelchen probieren und vermutlich auf den Hauptgang warten, putze ich mein Tellerchen leer, vernichte in wenigen Augenblicken den Inhalt des Brotkorbs und überlege, ob ich den Teller ablecken kann. Oder habe ich ihn abgeleckt? Die Leute gucken schon … Keine Ahnung. Hab' ich vergessen.

Aber an den freundlichen Blick der Wirtin erinnere ich mich. Wohlwollend wie meine bulgarische Oma. Endlich mal ein Gast, der die Kochkünste richtig zu würdigen weiß. Ja, ja, dem Deutschen schmeckt's. Nur immer her damit. Schon steht der ganze Topf mit dem Rest der Suppe auf meinem Tisch. Danach folgt ein Braten mit verschiedenen Gemüsesorten, und auch hier bekomme ich ein Stück extra. Allein die Käseplatte zum Nachtisch, die lässt sie nicht auf meinem Tisch stehen. Wahrscheinlich ist ihr das Risiko zu hoch, es könnte für die anderen Gäste nichts mehr übrig bleiben.

Ich mache noch einen kleinen Verdauungsspaziergang und schaue nach meinem Esel. Stelle den Wecker auf 7 Uhr, ziehe die Vorhänge zu und falle in einen tiefen, traumlosen Schlaf. Was für ein Tag!

Mein Esel, der Vielfraß

Die Wirtin und ihr Mann stehen in der Küchentür und begrüßen mich herzlich. Guten Morgen und bonjour. Ich gehe meinen Esel holen: „Je vais chercher mon âne." Ich habe mir Sätze wie diesen mit Google Translate zurechtgebastelt und wende meine neu erworbenen Sprachkenntnisse hemmungslos an. Auf jeden Fall scheint man mich zu verstehen. Lächelnd drückt mir die Wirtin eine große Tüte mit Lebensmitteln in die Hand, und er packt noch ein paar Möhren für den Esel dazu.

Wir stellen die Gepäcktaschen in die Eingangstür, dann mache ich mich auf den Weg hinters Haus, wo in einiger Entfernung mein Eselchen in seiner Koppel auf mich wartet und laut I-ah ruft. Ein Bauer sieht, wie wir uns auf den Weg zurück zur Herberge machen, und lässt grinsend seine Hunde aus dem Zwinger. Hätte er damit nicht noch fünf Minuten warten können? Laut bellend kommen die drei Köter auf uns zugestürmt. Doch meinen Wanderstock, einen 1A-Knüppel, den haben sie nicht gesehen. Ein Griff in eine der Satteltaschen, Knüppel aus dem Sack und schon schwinge ich das schwere Stück Holz wie ein Bauer seinen Dreschflegel. Entschlossen stelle ich mich vor meinen Esel. Narcisse soll sehen, dass ich ihn

Links: Narcisse vor der Chapelle Notre-Dame in Pradelles

beschütze. Die ersten beiden Köter bekommen meinen Zorn direkt zu spüren. Laut schreiend verteidige ich meinen Esel, von der anderen Seite eilt mir der Wirt mit einer Mistgabel zu Hilfe. Den Esel am Führstrick in der einen, den Knüppel in der anderen Hand verfolge ich den letzten Hund bis zum Hoftor des Bauern, wo schon der Wirt steht und wütend schimpft. Der Bauer ist von der Gegenwehr sichtlich überrascht, zeigt aber darüber hinaus keinerlei Gemütsregung. Immerhin, das blöde Grinsen ist ihm vergangen. Wortlos dreht er ab und entfernt sich in Richtung Haus.

Ein solcher Start in den Tag ist Motivation und Energieschub zugleich. Nach diesem Sieg bin ich richtig munter. Was soll mich jetzt noch aufhalten? Ich prüfe die gleichmäßige Gewichtsverteilung der Satteltaschen, schaue mir die Hufe und das Fell meines Esels gründlich an, packe ihm voller Sorgfalt mein Gepäck auf den Rücken und verabschiede mich mit allen mir bekannten französischen Vokabeln. Schön war es hier. Vielen Dank für die Suppe.

Wir sind die ersten auf dem Weg. Eine weitere lange Etappe mit wenigen Steigungen steht uns bevor. 25 Kilometer müssen wir schaffen. Zwischenziel ist Pradelles, viel weiter kann ich gar nicht denken. Ob wir den Zielort Langogne überhaupt erreichen?

Doch bevor es losgeht, bewundere ich das große Holzmonument, das an Stevenson, die Eseldame Modestine und ihre gemeinsame Wanderung erinnert. Es steht nur wenige Schritte von der Herberge entfernt. Hast du gesehen, mein Freund, da, hinter dem Sockel, auf dem der berühmte Dichter steht, da schaut ein Esel hervor. Am 22. September 1878 waren die beiden genau hier – und jetzt sind wir beide auf diesem Weg unterwegs.

Allein, Narcisse entpuppt sich als Kunst- und Kulturbanause. Er kümmert sich vielmehr intensiv um die gelben Blüten des Löwenzahns. Während ich fotografiere, haut mein Esel sich den Wanst voll. Hat man dir etwa gesagt, es würde sich bei unserer Wanderung um einen kulinarischen Roadtrip durch die Cevennen handeln?

Weißt du was, Narcisse, wir werden uns mal etwas bewegen, sonst wirst du mir noch fett.

Neblig und kühl beginnt der Tag, aus der Asphaltstraße wird schon bald ein Kiesweg. Mein Esel läuft wie ein Hündchen neben mir her. Es ist kein Schlendern und auch kein Spaziergang. Nein, das ist feinstes Wandertempo. Der Esel läuft, ich genieße die Ruhe und lege nach einer guten Stunde dem Grauen zum ersten Mal den Führstrick über den Rücken, damit wir gleichberechtigt unterwegs sein können. Gleichmäßig marschiert er weiter und schnappt sich nur hin und wieder ein Butterblümchen. Hättest du nicht gestern schon so freundlich zu mir sein können? War es nötig, derart mit mir zu kämpfen? Ich komme mir vor wie Robert Schumanns fröhlicher Landmann, gemeinsam mit meinem Esel schreite ich fürbass voran. Genau so hatte ich mir das gewünscht und vorgestellt. Zusammen mit einem Esel wandern.

Nach gut drei Stunden holt uns ein Wanderer ein; dabei entsteht das erste Bild von Narcisse und mir. Bis Pradelles sind es nur noch wenige Kilometer, und weil ich noch nichts gegessen habe, legen wir in Landos, wo man an einer kleinen Brücke kurz vor den ersten Häusern prima Picknick machen kann, eine Pause ein. Frühstück. Ich habe alles dabei. Einen kleinen, leichten Gaskocher, Topf, Tasse und was man sonst noch so braucht. Instant Espresso und gezuckerte Kondensmilch. Das stärkt ungemein. Für den kleinen Hunger habe ich ein paar Müsliriegel, zwei hart gekochte Eier und eine Banane eingepackt. Zelt, Schlafsack, Regenschirm, Taschenmesser, Wasserflasche. Ich reise mit kleinem Gepäck. Stevenson hatte neben einer Lammkeule auch eine Flasche Wein und einen Revolver dabei. Aber so schlimm wird es schon nicht werden. Oder? Brauchen wir einen Revolver? Der Esel weicht mir keinen Zentimeter von der Seite. Er weiß, wir werden frühstücken, und er will etwas abhaben. Möhre?

Auf dem GR70 überqueren wir die D88, laufen vorbei am Hôtel de Ville von Landos, gelangen auf eine Schotterpiste, was für die

Hufe kein guter Untergrund ist, und kurz vor Jagonas folgen wir links einem Asphaltweg. Ständig geht es auf und ab. Mit ihren satten Farben beruhigt die Landschaft all meine Sinne. Hier ist nichts, was die Ruhe stört. Nur hin und wieder tuckert in der Ferne mal ein Traktor oder kreischt irgendwo eine Säge.

Doch wer erzeugt diese Geräusche? Niemand da, keiner zu sehen. Viele der Ortschaften wirken leer und verlassen. Keine Menschenseele weit und breit. Die Häuser der kleinen Weiler sehen so aus, als wollten sie sich Schutz suchend neugierigen Blicken entziehen. Im schmucklosen Grau-in-Grau ihrer Natursteinmauern verschmelzen sie regelrecht mit dem Hintergrund, zeigen aber zugleich auffällige Gebrauchsspuren des Alltags. Schief hängen viele Scheunentore in den Angeln, Farbe blättert ab, manch alte Maschine rostet im Garten vor sich hin. Ganz so, als dürften die Dinge zusammen mit ihren Besitzern alt werden.

In Arquejols legen wir noch eine kleine Pause ein. Ich entdecke hier und da ein blühendes Breitblättriges Knabenkraut, eine Orchideenart, die auch in Deutschland heimisch ist. Die Wiesen sind über und über mit Narzissen bedeckt. Ich sehe zu, wie Narcisse sich um die Butterblumen kümmert, und werde dabei mutiger und selbstbewusster. Ich schaffe das. Wir schaffen das.

Pradelles, das ein wirklich zauberhafter Ort ist, erreichen wir noch vor dem Mittagessen. Weil ich etwas Geld abheben möchte, machen wir auf der Suche nach einem Geldautomaten einen Spaziergang durchs Städtchen. Auf der Fahrt zum Startpunkt der Reise waren wir erst gestern in wenigen Minuten durch Pradelles gefahren, und der Leerstand entlang der viel befahrenen Durchgangsstraße hatte mir ein zwiespältiges Bild geboten. Verlassene Häuser und Geschäfte, zugewucherte Einfahrten und Zu-verkaufen-Schilder stimmen einen überall traurig.

Jetzt, aus der Perspektive des Wanderers, erscheint Pradelles viel größer. Doch wenn hier wirklich nur knapp 600 Menschen wohnen, dann ist es wohl nicht mehr als ein Dorf. Es gibt eine Touristeninformation, einen Marktplatz, ein paar Geschäfte, etwas abgelegen einen Freizeitpark und verschiedene Bistros. Abseits der Hauptstraße stoße ich auf Pradelles romantische Seite. Enge Gassen, Arkaden, pittoreske Treppen, kleine Türen und Fensterläden.

Auf der kleinen Place de la Halle im Ortszentrum entdecke ich hinter einer Baustelle einen Geldautomaten. Ein Soldatendenkmal in leuchtendem Blau erinnert an die Gefallenen des 1. Weltkriegs, ein rostiges Blechschild an Stevenson und Modestine, und in einem Café treffe ich auf einige Wanderer, die mir schon gestern Abend in der Auberge du Couvige aufgefallen waren. Ob sie wohl kurz meinen Esel im Auge behalten könnten? Ich bin sofort wieder zurück. Ja? Die beiden Herren nicken freundlich. Perfekt. Ich parke meinen Esel direkt neben den Tischen und laufe eilig über den Platz zum Geldautomaten. Hole mir auf dem Rückweg noch ein Eis am Stiel, und keine fünf Minuten später stehe ich wieder bei Narcisse.

„Nehmen Sie ihren Esel und schauen Sie, dass Sie schnell wegkommen“, meint ein freundlicher Herr im gemütlichen Schweizerdeutsch. Hä? Ich verstehe die Welt nicht mehr. Warum sollte ich machen, dass ich wegkomme? „Die Kellnerin hat es noch nicht bemerkt. Ihr Esel hat die Blumenkübel abgefressen.“ Ach du Schande, da ist ja wirklich nichts mehr drin. Wo noch vor wenigen Minuten kleine Himbeer- und Brombeersträucher waren, stehen nur noch leere Strünke. Schweißperlen treten mir auf die Stirn, Hilfe suchend schaue ich nach einem Fluchtweg. „Auf der anderen Seite war er auch.“ Na prima. Der Esel hat Sinn für Symmetrie.

Hastig packe ich den Führstrick und verschwinde mit Narcisse schnell hinter zwei Autos. Was hast du dir nur dabei gedacht? Erzähl mir nicht, du würdest nicht genug zu fressen bekommen? Doch mein Esel zeigt keine Reue. Irgendwie fühle ich mich schuldig. Was, wenn sich jemand beschwert? Zum Glück schiebt sich ein Transporter zwischen uns und das Café, und plötzlich werden wir von zahl-

Mittagspause in Pradelles – die Blumenkästen sind schon abgefressen

reichen Wanderern umringt: „Wie heißt der Esel?“ – „Wie alt ist der Esel?“ – „Ist das Ihr Esel?“ – „Von wo kommen Sie?“ – „Ist das Modestine?“ – „Dürfen wir ein Foto mit dem Esel machen?“

Wir sind vor der Touristeninformation gelandet, und weil wir hier sowieso nicht gleich wieder wegkommen werden, nutze ich die Gelegenheit und schaue mir die Postkarten an. Ja, ja, machen Sie ruhig Ihre Bilder, ich habe es nicht eilig. Ein paar Minuten später tippt mir eine Frau auf die Schulter: „Ihr Esel macht Unsinn. Er frisst die Rosen.“ Um Himmels Willen, das halt ich doch im Kopp nicht aus. Gibt es überhaupt etwas, was dieser Esel nicht frisst? Ich schaue mir den Schaden an und ergreife mit Narcisse im Schlepp sofort die Flucht. Alle, wirklich alle Rosenknospen hat er von den beiden Sträuchern links und rechts der Treppe abgefressen. Da wird dieses Jahr nichts blühen. Ich streichle ihm über die Ohren, und gemeinsam ziehen wir weiter. War lecker? Sein Kopf nickt.

Der Graue legt einen Gang zu. Da die eingeschlagene Richtung stimmt, lasse ich ihn einfach laufen und mache Erinnerungsfotos. Pradelles ist richtig schön. Am liebsten würde ich die vielen kleinen Türen, Treppen und Fenster alle einzeln fotografieren. In einer kleinen Straße kommen mir irgendwann zwei Männer entgegen, die etwas ratlos in ihre Wanderkarten schauen. Sie drehen sie und drehen sie, doch wie mir scheint, haben die Jungs die Orientierung verloren. Nun blicken sie hoffnungsvoll auf mich und mein iPad. „Haben Sie Internet?“ Klar doch. Ich schaue, ob der Esel noch auf Kurs ist, und starte Google Maps, zeige, wo wir uns gerade befinden, und suche den beiden auf ihrer Karte Pradelles heraus.

Ein deutscher Eseltreiber erklärt in einem französischen Dorf zwei Wanderern den Weg. Das hat was. Wenn nur nicht dieses laute Geschrei wäre. Ich verstehe zwar kein Wort, ahne jedoch Schlimmes. Hastig verabschiede ich mich, renne die Straße runter, biege um die nächste Ecke und sehe eine ältere Dame, die wütend auf meinen Esel einschimpft. Was ist denn nun schon wieder los? Vor lauter Aufregung bringe ich kein Wort heraus und entnehme den Gesten nur, dass mein Esel etwas mit den beiden großen Blumenkübeln vor dem Haus angestellt hat. Da ist zwar nichts drin, und wenn ich Französisch könnte, würde ich nach einem Beweis fragen. Doch das Gezeter hört und hört nicht auf, und die heruntergefallene Erde vor den Kübeln sieht auch recht frisch aus.

Narcisse dreht langsam den Kopf in meine Richtung. Das war ja klar. Ein dickes Grasbüschel hängt ihm noch aus dem Maul. Überführt. Konntest du nicht zehn Minuten warten, bis wir aus der Stadt raus sind? War es wirklich nötig, von den Ziergräsern zu kosten? Die Dame fängt an, den Daumen gegen den Zeigefinger zu reiben. Ich verstehe was von zweimal sechs Euro. Ja, ja, ist ja gut, Sie kriegen ihr Geld. Nur bitte hören Sie auf zu schreien. Aber noch während ich in den Satteltaschen nach meinem Portemonnaie suche, richtet sich der Esel auf, stellt sich gerade hin und hebt den Schwanz.

Jetzt reichts. Der Himmel über Pradelles verdüstert sich, das Schreien wird hochfrequent. Das ist zu viel. Nun flippt die Alte richtig aus. Im Geiste sieht sie wohl schon den Scheißhaufen vor ihrer Hofeinfahrt. Erst die Gräser wegfressen und dann auch noch vors Haus kacken! Mit Schwung kracht ihr Besen meinem Esel aufs Hinterteil. Narcisse macht einen beleidigten Satz, schaltet aus dem Stand in den dritten Gang und spurtet auf und davon. Na, da muss ich natürlich hinterher. Außerdem hat er das Geld. Entschuldigung, tut mir wirklich sehr leid wegen des Grases, ich glaube, es hat ihm geschmeckt. Mit Gras kennt er sich aus, aber ich muss jetzt los. Sie sehen doch, der Esel will weiter. Ich setze ein bekümmertes Lächeln auf und renne meinem Gefährten hinterher. Was für eine Szene. Wie zwei Diebe suchen wir das Weite.

Ich hätte mir den Ort gern etwas genauer angesehen, aber daraus wird wohl nichts. Soll ich den Esel ausschimpfen? Mir selbst ist ja mehr nach Lachen. Was erzieherisch natürlich völlig falsch wäre.

Schattenbild mit Esel

Hast du gehört? Völlig falsch! Der Graue macht noch einige Schritte, nimmt dann den Schwanz runter und läuft gemütlich weiter. Wie jetzt, du wolltest gar keinen Haufen machen? Narcisse hält an, schnuppert an meinen Händen und setzt sich wieder in Bewegung. Du hast es ja faustdick hinter den Ohren, mein Freund. Möhre?

Wir verlassen Pradelles ohne weitere Zwischenfälle über die Rue Basse in Richtung Langogne, wo ein hübsches Foto von Narcisse mit der Chapelle Notre-Dame de Pradelles im Hintergrund entsteht. Ich kann Ihnen das Örtchen wärmstens empfehlen. Es bietet viel Mittelalter und jede Menge Renaissance. Botanisch betrachtet ist es allerdings im Eimer. Mein Esel hat alles ruiniert. Aber bis nächstes Jahr ist bestimmt wieder was nachgewachsen.

Nach einer kleinen Pause nehme ich meinen Platz hinter dem Esel ein und treibe vorsichtig etwas zur Eile an. Der Graue ist heute zwar vorbildlich gelaufen, doch ich weiß, dass sich das jederzeit ändern kann. Außerdem haben wir noch gut 14 Kilometer vor uns. Schließlich müssen wir laut Karte durch den ganzen Zielort Langogne hindurch bis zum Lac de Naussac, wo wir unser Nachtquartier haben werden. Also los, schwing die Hufe.

Hinter einer Wegbiegung sehen wir vor uns eine junge Wanderin, die angestrengt auf ihr Handy starrt. Sie tippt etwas, doch bevor wir aufschließen können, läuft sie weiter und hat schon bald einen kleinen Vorsprung. Dann macht es plötzlich kling-kling, und schon steht sie wieder, kramt das Telefon heraus und liest, läuft weiter und kling-kling und kram und schreib und kling und steh. Das geht fast eine halbe Stunde so. Immer kurz bevor wir sie einholen, steckt sie ihr Handy ein und läuft weiter. Ich überlege schon, eine Pause einzulegen, damit sie genügend Vorsprung hat und ich mir das Gebimmel nicht weiter anhören muss. Dann ertönt plötzlich eine ganze Kling-kling-Salve aus ihrer Hosentasche. Kling-kling, stop und kram. Sie starrt auf ihr Handy, wir ziehen vorbei und haben sie danach nie wiedergesehen. Was wohl aus ihr geworden ist?

Narcisse jedenfalls tut, wie ihm geheißen, und läuft. Er schnurrt durch die Landschaft, dass es eine wahre Freude ist. Nach genau anderthalb Stunden erreichen wir den Stadtrand von Langogne, wo wir schon bald auf die N88 einbiegen. Gut, hinter uns blüht kaum noch ein Butterblümchen am Weg, und das Gras ist hoffentlich bis zur Hauptsaison nachgewachsen. Aber wenn er läuft, darf er auch fressen. Autos muss man schließlich auch hin und wieder auftanken, und Rennwagen benötigen bekanntlich mehr Sprit. Narcisse ist ein Esel in Sportausführung, und ich bin nicht unzufrieden über diese Eigenart. Nicht alle Wanderesel sind so multitaskingfähig.

Ich muss ihn regelrecht zu einer kleinen Pause zwingen. Weil ich Hunger habe, biegen wir kurz von der Hauptstraße ab und machen einen Abstecher zu Carrefour. Unangebunden bleibt Narcisse vor dem Supermarkt stehen, während ich im Eiltempo durch den Laden flitze. Nur Minuten später stehe ich an der Kasse und traue meinen Augen nicht. Mir gegenüber, auf der anderen Seite des Kassenbandes, der Esel. Sag mal, meinst du wirklich, dass Esel in Supermärkte dürfen? Einige Kinder lachen und freuen sich, die Kassiererin schüttelt vorwurfsvoll den Kopf und kann sich dennoch ein Lächeln nicht verkneifen. Mich umständlich entschuldigend schiebe ich den Esel aus der Tür, eile zur Eingangstür wieder rein, bezahle, packe meine Einkäufe und renne raus. Wo ist Narcisse? Ich drehe mich um, schaue in den Supermarkt und sehe meinen Esel. Die Leute biegen sich vor Lachen. Also wieder rein, Esel raus, und dann kann es endlich weitergehen. Der Graue guckt irgendwie vergnügt.

Auf dem Fußweg laufen wir durch Langogne, Narcisse zündet den Turbo und räumt vor dem Café de L'Univers mit seinen ausladenden Gepäcktaschen einige Herren ab, die nicht schnell genug Platz machen. Ein Tisch stürzt um, Aschenbecher rollen über den Boden. Zwei der Männer kippen, in ihren Campingstühlen sitzend, auf den Rücken, tun aber so, als wäre das die normale Sitzhaltung. Stand-up-Comedy mit einem Esel in der Hauptrolle. Die Herren klopfen sich vor Freude auf die Schenkel, einer der Umgefallenen verlangt nach seinem Kaffee, und während ich mich nach allen Seiten für Narcisse entschuldige, pflügt der wie aufgezogen quer über den Platz. Es scheint nichts zu geben, was ihn aufhalten könnte.

Ich hatte zwar die alte Markthalle anschauen wollen, aber das werde ich wohl auf morgen verschieben müssen. Der Esel will weiter und ich bin inzwischen auch dermaßen abgelatscht, dass ich fürchte, nach einer Pause nicht mehr hochzukommen. Mit Freude registriere ich die vielen geöffneten Geschäfte: Bäcker, Fleischer, ein Käsegeschäft und sogar eine Konditorei. Ich will mir gar nicht vorstellen, wie so ein Örtchen wohl in Brandenburg aussehen könnte. Links ein Getränkemarkt, gegenüber ein Discounter und das Ganze mit einem Blitzer und einer Autowaschanlage garniert. Hier fährt garantiert niemand zur Tankstelle, um seine Brötchen zu kaufen.

Von der Place de la Halle laufen wir durch die Rue Haute in Richtung Krankenhaus, nehmen am Kreisverkehr die dritte Ausfahrt in die Route de la Tuilerie, dann einmal rechts auf die D 26 bis zum Hotel Terrasses du Lac.

Tolle Aussicht, ein riesiger See. Narcisse wird direkt hinter dem Haus untergebracht und versorgt, und als ich aus dem Fenster meines Zimmers schaue, sehe ich meinen Esel. Was für ein schöner Anblick! Nach einer heißen Dusche nehme ich im Restaurant Platz und putze alles restlos weg, was man mir vorsetzt. Nach 25 Kilometern und elf Stunden unterwegs bleibt kein Krümelchen auf dem Teller. Ich bedanke mich bei den freundlichen Mitarbeitern des Restaurants und falle sofort ins Bett.

Allein, die Sache mit dem Einschlafen muss noch etwas warten. Laute Stimmen dringen an mein Ohr. Dann klopft es vorsichtig an die Tür: „Es tut uns sehr leid, aber ihr Esel steht unten im Foyer.“ Warum wundert mich das nicht? Ich ziehe mich wieder an, nehme den Esel und verfrachte ihn in seine Koppel. Wie bist du hier eigentlich rausgekommen? Egal, das erklärst du mir morgen. Ich jetzt Bett.

Das Glück in der Fremde

Der Wecker klingelt, und ich schaue aus dem Fenster. Esel weg. War ja klar. Innerlich rolle ich mit den Augen, ziehe meine Badehose an und mache mich auf den Weg runter zum See. Wenn ich etwas geschwommen bin, werde ich putzmunter in den dritten Wandertag starten. Von Langogne bis Cheylard-l'Évêque sind es nur 16 Kilometer. Das schaffen wir locker.

Entsetzt schaut mich eine Hotelmitarbeiterin an und meint, das Wasser sei so kalt, man könne unmöglich darin baden, und dann meldet sich auch noch der Esel zu Wort. I-ah macht es links neben der Tür. Hemmungslos trampelt mein Esel in einem Beet auf den Blumen rum. Kein Sinn für Schönes und Ordnung. Aber ich sehe schon, du hast gedüngt.

Er folgt mir bis runter zum See und schaut zu, wie ich einige Meter schwimme. Hätte ich gewusst, wie kalt das Wasser ist, wäre ich nicht in der Badehose durchs Hotel zum See marschiert. Aber immerhin ist mir jetzt wunderbar warm. Im Blick der jungen Hotelmitarbeiterin meine ich sogar, so etwas wie Bewunderung ausma-

Links: Im Wald nahe Cheylard-l'Évêque

chen zu können. Narcisse aber dreht ohne eine Gemütsregung ab, und ich fühle mich ertappt. Über das zertrampelte Blumenbeet reden wir noch! Ausgiebig wird der Graue gestriegelt und bekommt gründlich die Hufe gereinigt. Die freundliche junge Frau tritt vor die Tür, drückt mir ein Lunchpaket in die Hand und wünscht uns beiden eine gute Reise. Als alles verpackt und aufgeladen ist, starten wir sofort. Im Abschied steckt das neue Ziel. Auf und los.

Wir laufen zuerst wieder zurück durch Langogne, wo es irgendwo auf Höhe der Markthalle rechts ab auf den GR70 geht. Die kleine Stadt hat zwar nicht sonderlich viel zu bieten, doch das Café de l'Univers ist unbedingt einen Besuch wert. Das Interieur, ein Sammelsurium aus mindestens drei Jahrzehnten, wirkt merkwürdig aus der Zeit gefallen. Unglaublich viele Dinge gibt es hier zu entdecken. Warme Farben in rötlichen Holztönen, hier und da etwas Grün. Gegenüber der Bar ein Tabak- und Lottostand, dazwischen Tische und Stühle. Werbung, Zeitungen, Fernseher. Zeit für kleinere und größere Pausen. Für jeden ist gesorgt. Bauarbeiter, Frauen mit Einkaufstüten, Schulkinder. Der Postbote kommt auf ein Glas Wein herein, ein Herr im Anzug bestellt sich einen Pernod. Ein paar alte Damen füllen ihre Lottoscheine bei einem Gläschen aus, eine Kindergruppe vernichtet ihr Taschengeld mit Schokoriegeln und Bonbons. Eine Bar, drei Generationen – das alles muss mit.

Narcisse wird neben der Markthalle, der Halle aux Grains, angebunden, und ich bestelle mir einen Espresso und ein Rubbellos. Pech im Spiel, Glück mit dem Esel. Wir laufen einmal um die alte Markthalle, die früher als Kornspeicher diente, schlendern gemütlich den Boulevard Notre-Dame entlang, biegen zwischen alten Häusern hindurch auf die Place des Moines, wo die romanische Kirche Saint-Gervais-et-Saint-Protais steht. Romanik mag ich sehr. Romanik ist wie ein kräftiger Eintopf. Eine richtig runde Sache. Alles drin, was schmeckt. Die Kirche ist ein interessanter Sakralbau aus dem 12. Jahrhundert, den hübsche Wohnhäuser, einer Stadtmauer gleich, eng umschließen. Erstaunlich, wie aus der alten Wehrhaftigkeit vergangener Zeiten diese lebendige Gemütlichkeit unserer Tage werden konnte.

Doch wir sollten jetzt besser weiter. Auch wenn die heutige Etappe relativ kurz ist, will ich mich lieber auf den Weg nach Cheylard-l'Évêque machen. Eine Entscheidung, über die ich noch froh sein werde.

Läuft alles nach Plan, dann wird es eine sehr schöne, gemütliche Etappe. Bis zum Mittagessen sind wir damit durch. Heute machen wir Strecke. Laut Reiseführer ist sie waldreich, gut zu wandern, und ich stelle mir vor, wie die Bestie des Gévaudan hier ihr Unwesen trieb. Was für ein Tier mag es gewesen sein? Wer oder was tötete über einhundert Menschen und verschleppte sie oft über große Entfernungen? Welches Tier ist dazu überhaupt in der Lage? Ein Wolf? Wohl kaum. Kein Wolf kann mit einem Menschen im Maul weite Sprünge machen und flüchten. Ein Bär? Zu auffällig und keinesfalls schnell genug, um über Jahre hinweg Hunderten Jägern zu entgehen.

Eine Stahlskulptur in Langogne zeigt die Bête du Gévaudan. Das Kunstwerk steht direkt an der N 88, wenn man von Pradelles kommend in die Stadt hineinfährt. Man unterquert die Gleise der Bahn und biegt sofort rechts in die Place Pierre Semard ab. Die Stahlbestie steht direkt hinter der Kurve auf der rechten Seite, wo man problemlos parken oder seinen Esel anbinden kann.

Furcht einflößend, wenn man bedenkt, dass die Geschichte von vorne bis hinten wahr ist und man bis heute nicht sagen kann, was für ein Lebewesen hier als Massenmörder unterwegs war. Mir fallen bei der Geschichte sofort die beiden Löwenmännchen ein, die 1898 unzählige Arbeiter der Uganda Railway Company töteten und fraßen. Im Film „Der Geist und die Dunkelheit" wird die wahre Geschichte der beiden Tiere, die der britische Offizier John Henry Patterson in „Die Menschenfresser von Tsavo" aufgeschrieben hatte, sicherlich etwas reißerisch, aber dafür spannend nacherzählt.

Trieb auch im Gévaudan ein Löwe sein Unwesen? Die Beschreibungen der Bestie lassen jedenfalls alle möglichen und unmöglichen Spekulationen zu. Hatte ein Seefahrer einen kleinen Löwen mitgebracht und diesen später einfach laufen lassen?

Aber davon mehr im nächsten Kapitel. Heute gibt es keine Spur von Angst und Düsternis. Der Weg ist nicht besonders anspruchsvoll und sicher nicht der Ausblicke wegen berühmt. Wir folgen der Einfachheit halber zunächst einer anderen Wandergruppe – was aber nur zum Teil gelingt. Man wandert ohne Esel eindeutig schneller. Lange können wir nicht mithalten. Dafür haben wir die richtige Richtung und schon bald unsere Ruhe. Die Vorstellung, in einer Gruppe permanent quasselnd durch den Wald laufen zu müssen, macht mich ganz mürbe. Mein Eselchen und ich, wir lassen es heute gemütlich angehen. Da wir alle Zeit der Welt haben, darf er das Tempo bestimmen.

Erinnerung an Robert L. Stevenson in Cheylard-l'Évêque

Still und gelassen gehen wir nebeneinander her, keine Raufereien trüben die Stimmung. Nur wenn er es mit seiner Fresserei zu dolle treibt, schubse ich ihn einfach von hinten etwas an und mahne zu ein bisschen mehr Schwung. Wir sind bis auf wenige Momente ganz für uns. Von einer hoch gelegenen Wiese pflücke ich ihm einen Strauß Butterblumen in Premiumqualität und kraule ihm anschließend die Ohren. An der Stelle sind Esel besonders empfindlich. Noch besser gefällt es ihnen nur am Hintern, aber das lasse ich erst mal bleiben. So gut kennen wir noch nicht. Narcisse weiß meine Fürsorglichkeit zu schätzen und läuft ohne jede Unterbrechung. Sein immerzu pendelnder Kopf stupst mich manchmal an, und es fühlt sich unglaublich gut an, wenn seine Nase in meiner Handfläche landet. Die Vertrautheit ist ein unbeschreibliches Glücksgefühl. Heute Abend kratz' ich dich ausgiebig. Versprochen.

Wie im Flug durchqueren wir Fouzillac und Fouzillic. Aus der Entfernung sehe ich schon den Berg mit der Kapelle obendrauf. Noch einmal schaue ich nach, wo wir übernachten, und dabei übersehe bzw. überlese ich die Unterkunft in Cheylard-l'Évêque. Ich bekomme einen Riesenschreck. Ich hatte mich doch schon am Ziel gewähnt, und nun sieht es so aus, als müssten wir noch bis La Bastide. Nie und nimmer kommen wir bis dorthin!

Ich treibe den Esel an. Wenn wir das nicht schaffen, können alle weiteren Etappen Probleme machen, und ich möchte nicht die ganze Tourplanung über den Haufen werfen müssen. Stramm marschieren wir durchs Dorf und treffen in einem Café auf vier nette Damen, denen wir schon einmal begegnet sind. Kurz entschlossen beschließe ich, eine Pause zu machen. Irgendjemandem muss ich jetzt mein Leid klagen. Für mich gibt es Cola, und Narcisse darf kurz ohne Gepäck entspannen. „Wohin müssen Sie mit dem Esel heute?“ – „Ich fürchte, dass wir bis in die Nacht hinein laufen. Unser nächstes Ziel ist La Bastide.“ Wie kam ich nur auf die Idee, wir hätten heute eine kurze Etappe zu absolvieren? Entsetzt schauen die Damen auf, als sie erfahren, wie weit wir noch wandern müssen. Ich zeige mein Blatt mit den Unterkünften und erwarte reichlich Mitleid. Doch mit einem Blick entdecken die vier den Fehler. „Hier, Sie sind doch schon am Ziel. Erst morgen müssen Sie weiter nach La Bastide. Das Hotel ist gleich hinter der nächsten Ecke. Wir wohnen auch dort."

Der Stein, der mir vom Herzen fällt, könnte größer nicht sein. Vor lauter Glück übersehe ich großzügig, wie sich mein verfressener Esel über den Vorgarten der Cafébesitzerin hermacht. Fröhlich zahle ich die Cola, schnappe mir den Esel, und schon sind wir im Refuge du Moure. Es ist noch nicht mal 15 Uhr, und ich liege geduscht im Bett und halte Mittagsschlaf. Nachdem ich die vergangenen Tage von früh bis spät auf den Beinen war, genieße ich mein Faulsein in vollen Zügen. Was sonst sollte man an diesem Ort denn tun, wo es bis auf zwei Kirchen wirklich nichts zu sehen gibt? Dem Esel in seiner Koppel einen Besuch abstatten? Gute Idee.

In Schlangenlinien führt ein schmaler Weg von der Herberge an der Eselkoppel vorbei – hallo Narcisse – und auf einen Hügel hoch über dem Dorf, wo auf der schmucklosen Kapelle Notre-Dame-de-Toutes-les-Grâces eine etwas zu groß geratene Jungfrau zwischen zwei Glocken thront. Lohn für den Aufstieg ist ein berauschender Blick über eine weite, grüne Landschaft, deren Farben jetzt in atemberaubender Geschwindigkeit von der abendlichen Düsternis verschlungen werden. Noch ein paar Minuten bis zum Abendbrot und damit genug Zeit, auch der anderen kleinen Kirche, links gegenüber des Refuge du Moure, einen Besuch abzustatten. Fröstelnd lässt mich das dunkle Innere sofort zurückweichen. Der Kirchenraum erscheint wie die Beschreibung der Grotte in Patrick Süskinds Roman „Das Parfum". Hatte ich Abendbrot gesagt?

Für solch ein Menü ist Abendbrot wirklich nicht das passende Wort. Ich weiß nicht mehr, ob es vier oder fünf Gänge waren. Salat, Suppe, ein Hauptgang in verschiedenen Variationen, Wein, wahlweise Käseplatte oder Eis. Meine Wanderung ist zugleich eine kulinarische Reise. Alle Gäste sitzen an einer langen Tafel, und ich bekomme einen Platz bei den vier Damen, die ich aus dem Café kenne: „Das haben wir mit dem Wirt abgesprochen. Kommen Sie zu uns. Wir sind Simone, Annie, Lucette und Christine".

Wir verständigen uns auf Englisch, mit Händen und Füßen, und wenn keiner von uns weiterweiß, wird entweder herzhaft gelacht oder Google Translate befragt. Ein großartiger Abend. Wundervoll ist eine viel zu schwache Beschreibung des Zustands, in dem ich mich befinde. Wo immer ich auftauche, freuen sich die Menschen, fragen nach dem Esel und wie lange wir uns schon kennen. Noch nicht lange genug, und doch sind wir schon Freunde. Alle Erfahrungen und Bekanntschaften meiner Reise machen die Welt für mich gefühlt um das Doppelte größer und sorgen im Kleinen für etwas Verwurzelung und Glück in der Fremde. Zu Hause ist jetzt dort, wo der Esel ist und ich mich willkommen geheißen fühle – also überall.

Zugleich erscheint die langsame Form der Fortbewegung, die Entfernung von der Heimat, wie eine Reise durch die Zeit. Lange ist es nicht her, dass die Menschen zu Fuß von einem Ort zum anderen zogen und mit etwas Glück ein Esel ihnen die Last abnahm. Vielleicht können wir uns auf diese Weise wirklich in Erinnerung rufen, was wir selbst vormals gewesen sind. Ein Satz, den so ähnlich übrigens einer formulierte, der nur über sehr wenige selbst gewonnene Reiseeindrücke verfügte. Groß rumgekommen ist Friedrich Schiller jedenfalls nicht, dennoch müssen seine kurzen Ausflüge, gerade in den Jahren von 1782 bis 1789 – hier wurde der Militärarzt Schiller sogar fahnenflüchtig – mit vielen Unsicherheiten verbunden gewesen sein. Es sind nicht die zurückgelegten Kilometer, die uns weit reisen lassen. Es ist die Art und Weise, wie wir das Unbekannte als etwas Neues für uns selbst entdecken. Langsam zu reisen ist viel mehr als nur die damit verbundene Entschleunigung.

VILLAGE
SUR LE CHEMIN D
ROBERT LOUI
STEVENSON
GR
70

Die Bestie des Gévaudan

Von einer wahren Geschichte des Grauens, einem Krimi und anderen spannenden Dingen, denen man unweigerlich begegnet, wenn man auf dem Stevenson-Weg wandert, soll hier die Rede sein.

Der 30. Juni 1764 war ein kühler Tag, ein Sonnabend, und die junge, 14 Jahre alte Hirtin Jeanne Boulet eilte, um nach Hause zu kommen. Die ganze Woche über hatte sie mit den Tieren auf den Weiden verbracht und nun freute sie sich auf ihren freien Sonntag, ein Bad mit warmem Wasser und das Abendbrot im Kreise der ganzen Familie. Mutter hatte sicher schon das hübsche Kleid für den morgigen Gottesdienst herausgelegt und Vater würde bestimmt eine Kleinigkeit spendieren, wenn sie alle aus der Kirche kamen. Schnellen Schrittes eilte sie in Richtung Saint-Étienne-de-Lugdarès, wo sie sich sicher fühlen konnte. Zu gut noch hatte sie den schrecklichen Bericht eines Händlers aus Saint-Flour-de-Mercoire von einem brutalen Überfall auf eine Hirtin im Gedächtnis. Nie war die Frau zu Hause angekommen, und wenig später hatte man ihren grauenvoll

Links: Stevensons Route von damals ist heute als GR 70 markiert

zugerichteten Körper im Wald aufgefunden. Ängstlich blickte Jeanne sich um und lief schnell weiter in Richtung Dorf. Noch ein paar Biegungen, hinter dem nächsten Hügel könnte sie bereits den Kirchturm sehen. War sie wirklich allein hier draußen? Plötzlich fühlte sie sich unwohl und beobachtet. Ein eisiger Schauer lief ihr über den Rücken, als sie für einen letzten, kurzen Moment einen Schatten auf dem sandigen Weg erkennen konnte. Ein gewaltiger Schatten, der sie packte und zu Boden riss.

Am nächsten Tag fanden Bauern die ins Haut-Vivarais verschleppte und verstümmelte Leiche des Mädchens. Kaum wiederzuerkennen, zerfleischt und teilweise aufgefressen. Schlimmer als alles bisher Dagewesene. Bis zu diesem Tag hatte niemand den Schreckensmärchen der Leute aus Saint-Flour-de-Mercoire so richtig Glauben schenken wollen. Zu unwirklich klangen die Berichte. Niemand hier konnte sich erinnern, jemals von einem annähernd ähnlichen Vorfall gehört zu haben. Doch jetzt hatte die Bestie ihr erstes verbürgtes Opfer gerissen. Das Grauen nahm seinen Lauf und bekam einen Namen: Bête du Gévaudan.

Schnell zeigten die kommenden Wochen und Monate, dass der grausame Mörder sein schreckliches Treiben nicht einfach aufgeben würde. Immer wieder kam es zu Angriffen an den verschiedensten Orten; ein ganzes Département war in Aufruhr, Angst und Schrecken versetzt. Klar war inzwischen: Der Mörder war kein Mensch, sondern eine Bestie, wie man sie vorher noch nie gesehen hatte.

Die einen sahen ein Tier von der Größe eines jungen Rindes, andere eine Art Raubtier mit rötlichem Fell auf dem Rücken und einem hellen Bauch. Mal mit dunklen Streifen an der Seite, dann wieder Flecken, buschiger Mähne und einer üppigen Schwanzquaste. Der Kopf riesig und auf der Oberseite flach, gedrungen die ganze Gestalt, stark wie ein Bär. Welches Tier kann denn schon erwachsene Männer über so weite Strecken verschleppen? Fährtensucher und Jäger konnten aus den Spuren lesen, dass die Bestie zu

Stahlskulptur der Bestie des Gévaudan in Langogne

Sprüngen von fast neun Metern Weite in der Lage war. Ihre schrecklichen Rufe wurden als fürchterliches Bellen beschrieben.

Oft griff die Bestie innerhalb von wenigen Tagen in ein und derselben Region mehrfach Menschen an. Mal gab es längere, mal wieder kürzere Pausen, bevor das Grauen anderenorts weiterging. Niemand konnte sich sicher fühlen, nirgendwo, und weil man die Bauern wegen der Aufstände der Camisarden auf Befehl des Königs all ihrer Gewehre beraubt hatte – sogar die Schwerter waren von den Soldaten konfisziert worden –, waren die Menschen zu ihrer Verteidigung nun auf ihre bäuerlichen Gerätschaften, auf Knüppel und Messer angewiesen.

Nur gegen wen oder was mussten sie sich da verteidigen? Was war das für ein Ungeheuer, das selbst in den eigenen Gärten und den engen Straßen der Ortschaften gnadenlos zuschlug? So auch im Januar 1765, als der kleine Jean an einem kalten Wintertag mit einer Gruppe anderer Kinder unterwegs war. Gemeinsam gingen die sieben Jungen nach der Dorfschule zu den Viehweiden, als sie im Bergland der Margeride angegriffen wurden. Lange wehrten sich die Kinder mit ihren Stöcken und Mistgabeln gegen das Ungeheuer, doch es gelang der Bestie, den kleinen Jean Veyrier zu packen und ins nahe gelegene Sumpfland zu verschleppen.

Aber an diesem Tag sollte es kein Opfer geben. Jacques Portefaix, der Anführer der Jungen, steckte die Bande mit seiner Tapferkeit an. Gemeinsam verfolgten sie die Bestie. Immer und immer wieder stachen und schlugen die mutigen Kinder auf das Tier ein, bis es ihnen gelang, den nur leicht verletzten Jean zu befreien. Er kam mit einer Wunde am Arm davon und war damit einer der wenigen, die einen Angiff der Bestie überlebten.

Nur, was für ein Tier hatten die Jungs da gesehen? Gegen was für eine Bestie hatten sie gekämpft? Wölfe und Bären werden die Dorfkinder (vielleicht nur aus Erzählungen) sicher gekannt haben, und mit Hunden dürften alle von ihnen vertraut gewesen sein. Gibt es überhaupt Hunde, die einen erwachsenen Menschen (was mehrfach vorkam) über viele Kilometer hinweg verschleppen können? Welcher Hund ist in der Lage, einem Menschen den Kopf abzubeißen? 15 Opfer wurden regelrecht geköpft. Hatte ein Seefahrer ein gezähmtes, bis dahin unbekanntes Tier aus Afrika mitgebracht und zum Morden abgerichtet?

Heute geht man von ziemlich genau 100 Todesopfern und 80 Verletzten aus. Von 1764 bis 1767 wütete die Bestie im Gebiet des Gévaudan, dem heutigen Département Lozère, und weil man immer wieder Tiere erlegte, die direkt mit diesen Angriffen in Verbindung gebracht werden konnten, meinen Historiker, dass mehrere Tiere daran beteiligt waren. Womit die Theorie ausscheidet, es könne sich um ein einzelnes, von einer Reise mitgebrachtes Raubtier gehandelt haben. Zumal man heute weiß, dass sich Wildtiere – Hyänen und Hyänenhunde, Wölfe usw. – zwar zähmen, aber nicht auf eine solche Weise abrichten lassen. Sie bleiben scheu und eher ängstlich. Deshalb ist es nach wie vor ungewiss, welche Bestie oder welche Bestien hier so viele Menschen tötete(n). Die Zeitschrift „National Geographic" vertrat die Hypothese, es könne sich um einen aus Gefangenschaft entkommenen männlichen Löwen gehandelt haben.

Verbürgt ist, dass der Bischof von Mende, ein rückwärtsgewandter Mann, die Bestie des Gévaudan als Geißel Gottes ansah und den Leuten von der Kanzel herab vom Zorn des Herrn predigte. König Ludwig XV. dagegen schickte seine Jäger los, später eine ganze Einheit seiner Dragoner, und im Februar 1765 wurde die größte Treibjagd aller Zeiten organisiert: 20 000 Jäger und Soldaten, dazu zahlreiche für kurze Zeit bewaffnete Bauern, Treiber und natürlich Hunde. Interessant ist, dass die Bestie aufgestöbert wurde und dennoch entkam. Ein kluges Tier?

Wölfe, die oft im Verdacht standen, wurden mehrfach erlegt; ein besonders großes Exemplar wurde sogar ausgestopft im Königspalast in Versailles ausgestellt. Doch es half alles nicht, die Angriffe gingen weiter, bis am 19. Juni 1767 ein weiteres großes Tier erschossen wurde. Danach hörten sie auf.

Ich gebe unumwunden zu, die historisch überlieferten Fakten etwas ausgeschmückt zu haben. Doch die Namen, Orte und zeitlichen Fakten, die Sache an sich und selbst die pathologischen Befunde sind wahr.

Angriff der drei Bestien

Die Unterkunft und das Abendessen im Refuge du Moure waren allein schon die Reise wert. Der Abend im Speisesaal mit all den anderen freundlichen Menschen, mein Platz am Tisch bei den vier netten Frauen, das mehrgängige Menü und die schöne Lage des Ortes: Alles einfach nur zauberhaft. Am Morgen dann die erste Schrecksekunde des Tages. Ich gehe zur Koppel ... Esel weg. Als ob ich es schon geahnt hätte. Hoffentlich läuft sonst heute alles glatt. Von Cheylard-l'Évêque bis nach La Bastide-Puylaurent sind es mehr als 20 Kilometer. Wir haben wieder eine lange Etappe vor uns.

Ich stehe mit meinem Lunchpaket und den gepackten Taschen vor dem Hoteleingang etwas dumm da. Wo ist mein Houdini nun schon wieder hin? Schlimmes befürchtend gehe ich in Richtung Dorf, laufe einmal ums Hotel, nehme die Tüte mit den Wiesenbussis, raschle laut, rufe mit zuckersüßer Stimme den Namen meines Esels, und sofort ertönt sein I-ah. Wer sagt's denn, der Fresssack hat gute Ohren. Neugierig schaut zuerst nur sein Kopf hinter einer Hausecke hervor, kurz darauf kommt mein Eselchen freudig angaloppiert. Sag' mal Langohr, freust du dich, mich zu sehen, oder ist

Links: Morgenstimmung am Allier, hier noch ein schmales Flüsschen

es die Leckerli-Tüte in meiner Hand? Ich gehe ihm einige Schritte entgegen – und begreife sofort, aus welcher Richtung er kommt. Um Gottes Willen! Schlagartig wird mir klar, womit er über Nacht beschäftigt war. Die gesamte Front des kleinen Cafés hat er verwüstet. Alles, was dort angepflanzt war, ist weg und kahl und leer. Abgefressen oder zertrampelt. Er hat die Zeit genutzt und alle jungen Triebe der Sträucher verbissen. Himbeeren, Johannisbeeren, die Salate, die Wildblumen. Nichts hat er verschont. Nur noch die nackten Strünke stehen da, ein trauriges Bild.

Voller Angst schaue ich mich um. An jedem Zaun die gesamte Dorfstraße herunter hängen nur noch leere Blumenkästen. Hier und da ein paar Geranien – die mag er nicht –, aber ansonsten Ödnis, so weit das Auge reicht. Ich werfe einen Blick ins Gesicht meines Esels: von Schuldgefühlen wieder keine Spur. Hältst du das für normal? Mein Freundchen, wir sollten Cheylard besser gleich verlassen. Hier muss jetzt erst mal eine Gartenbaufirma ran. Der Ort bedarf einer landschaftsarchitektonischen Komplettsanierung. Ich lege einen Arm um seinen Hals, führe ihn vors Hotel, bepacke ihn in Windeseile, und bevor das Dorf zum Leben erwacht, machen wir uns schnell aus dem Staub, vorwärts auf die lange Etappe nach La Bastide-Puylaurent.

Brav läuft Narcisse neben mir her. Selbst den Führstrick brauche ich nicht. Manchmal, wenn sein ständig pendelnder Kopf in meine Richtung schwingt, streichle ich ihm über die Stirn. Obwohl wir eine schwere Etappe vor uns haben, bin ich frohen Mutes und atme tief, tief durch. Ich sah uns beide schon in polizeilichem Gewahrsam. Angeklagt wegen botanischer Randale.

Nach einer weiten Linkskurve überqueren wir zwei kleine Brücken, lassen das Forsthaus auf der linken Seite liegen, nehmen den Steinweg, halten uns links und folgen den Markierungen. Der Weg ist leicht zu finden. Inzwischen weiß ich, dass ein flacher Start in den Tag meinem Eselchen lieber ist als ein Weg, der sofort bergauf führt. Wir können also etwas Schwung holen, bevor wir auf den langen Anstieg treffen, der uns heute noch droht.

Nach einem traumhaften Laubwald geht es hinauf. Wir kommen weiter voran. Es ist ein kühler Morgen, die Luft riecht nach Blättern, Moos und nassem Gestein. Ein Duft, der mich richtig verzaubert. Narcisse scheint über Nacht so viel gefressen zu haben, dass es jetzt ganz ohne die andauernde Nascherei am Wegesrand geht. Wer hätte das gedacht? Mein Esel ist satt. Hin und wieder kommt ein Auto an uns vorbei, die Insassen winken und sehen dabei sehr fröhlich aus. Nach der dritten Fuhre begreife ich, was hier vor sich geht. Die lassen sich nach oben fahren und sparen sich auf diese Weise den langen Anstieg. Zurück zur Natur, nur nicht zu Fuß, lautet anscheinend der Wahlspruch des Tages. Ich überlege, ob ich das auch so machen würde, wenn ich ohne Esel wäre. Dann beuge ich mich nach unten und drücke meinem Esel einen Kuss zwischen die flauschigen Ohren. Du kannst ruhig kurz anhalten und fressen.

Wir machen einen kleinen Umweg, weil ich mir den Weiler Les Pradels anschauen möchte, gehen den Weg ein Stück zurück und gönnen uns eine kleine Pause am wunderschön gelegenen See Etang de l'Auradou. Ein romantischer Ort mit einigen Tischen und Bänken, wo man Picknick machen kann. Wenn es nur ein wenig wärmer gewesen wäre, hätte ich wieder schwimmen gehen können. Zügig erreichen wir zur Mittagszeit das Château de Luc, die alte Burgruine, wo wir wieder auf die vier Frauen vom gestrigen Abendessen treffen. Narcisse wird entladen und darf sich frei bewegen. Ich koche mir einen Kaffee und spaziere anschließend durch die Überreste des Château de Luc.

Der Ort Luc, lat. *lucus,* heiliger Hain, und die ein Stück außerhalb davon gelegene Burgruine gehören zu den frühesten Besiedelungsorten des Gévaudan. Nicht weit von hier, im Forêt de Mercoire, ein dem Gott Merkur geweihtes Waldgebiet, lebten einst keltische Stämme. Ab dem 12. Jahrhundert wurde begonnen, die

Narcisse inspiziert die Wiesen um das Château de Luc

wehrhafte Burganlage an dieser Stelle zu errichten. Pi mal Daumen 450 Jahre später, während des Dreißigjährigen Krieges, kam es unter dem Kommando von Drei-Musketier-Bösewicht Kardinal Richelieu zu ersten Plünderungen.

Armand-Jean du Plessis, 1er Duc de Richelieu, lautete der volle Name des 1585 in Paris geborenen Kirchenfürsten, der als Erster Minister Ludwigs XIII. ein strenger Verteidiger des königlichen Absolutismus war und dabei hemmungslos die französischen Protestanten verfolgte. Mit dem Gnadenedikt von Alès 1629 sprach er den Hugenotten zwar Religionsfreiheit zu, nahm ihnen jedoch zugleich alle militärische Macht. Zimperlich ging er dabei wahrlich nicht zu Werke. Getreu dem Motto „Der Zweck heiligt die Mittel" verfolgte der Intrigant immer auch eigene innen- und außenpolitische Ziele. Wenn es ihm nützlich erschien, war ihm auch ein Bündnis mit den protestantischen Schweden recht, dazu unterstützte er zahlreiche

Aufstände in Spanien und Portugal. Alles nur, um die Vormachtstellung der Habsburger in Europa besser bekämpfen zu können. Bereits 1631 hatte er im Vertrag von Bärwalde mit Schwedenkönig Gustav II. Adolf gemeinsame Sache gemacht; vier Jahre später trat Frankreich auf sein Bestreben hin direkt in den Krieg gegen die Truppen des Habsburgischen Kaisers des Heiligen Römischen Reiches Deutscher Nation und Papst Urbans VIII. ein.

Ein Mistkerl wie er im Buche steht also, und außerdem hat er das Château de Luc kaputt gemacht. Das ist unverzeihlich. Kardinal Richelieu starb 1642 in Paris. In der Verfilmung von 1973 trat Charlton Heston als Richelieu auf, 2011 gab Christoph Waltz den Schurken im roten Gewand. Egal, ich war immer für die Guten. Ein Hoch auf Athos, Porthos, Aramis und D'Artangnan. Jedenfalls waren es Richelieus Truppen, die den steten Verfall der Wehranlage einleiteten. Den Rest erledigten die Bauern der Umgebung, indem sie die Steine der Festung abtransportierten und als Baumaterial nutzten. Ich habe diese Vorgehensweise, vom Öffentlichen ins Private, in den 1980er-Jahren dann als sozialistische Umlagerung kennengelernt. Einige Arbeitskollegen meinten damals sogar, es gäbe noch viel mehr aus den Betrieben herauszuholen. Hat sich bewährt diese Tradition, ihr liegt ja auch etwas Friedensstiftendes zugrunde. Privat geht vor Katastrophe. Wer braucht schon Festungen? Festungen zu Häusern und Scheunen ist eine Frühform von Schwerter zu Pflugscharen.

Aus dem großen Hauptturm, der wunderbare Ausblicke in die Landschaft bietet, wurde um 1880 eine Kapelle mit einer weithin sichtbaren Marienstatue obendrauf. Mit Freude entdecke ich dort, wo früher das Innere der Wehranlage war, einige im Fischgrätenmuster-Stil verzierte Mauerreste. Wie Ähren, oder eben auch Fischgräten, reihen sich flache, schräg angeordnete Steine aneinander und ergeben ein dekoratives Band. *Opus spicatum* von lat. *spica*, Ähre, nennt man diese hübschen Muster aus Steinen oder Ziegeln, die seit dem Mittelalter aber wohl mehr der Reduzierung der Baukosten dienten. Musste man doch für diese Bautechnik keine großen und schweren Steinquader in Doppelreihung verwenden. Es war einfach, praktisch, sah gut aus und sparte im Innenhof einer Festung, wo die Mauern keine so große Schutzfunktion hatten, Material und Arbeitsaufwand.

Inmitten dieser Geschichten sitze ich auf der Wiese, koche Kaffee und gönne mir ein wunderbares Picknick. Narcisse streunert durch die Gegend und schaut sich an, was es bei anderen Leuten zum Mittag gibt. Zugleich modelt er, was das Zeug hält. Schließlich ist er im Moment der einzige Wanderesel auf dem Stevenson-Weg. Ja ja, machen Sie nur ein Bild. Er heißt Narcisse, und als Bezahlung nimmt er gern eine Möhre. Simone, Annie, Lucette und Christine, die vier Wanderinnen vom Abendessen im Refuge du Moure in Cheylard-l'Évêque, sind inzwischen auch eingetroffen. Auch sie bekommen natürlich ihr Gruppenfoto mit Esel. Wir tauschen unsere E-Mail-Adressen aus und verabreden uns lose für das übernächste Ziel in Chasseradès. Reisen verbindet über alle Grenzen hinweg. Das ist der größte Nutzen, den man von einer Reise wohl haben kann.

Ich selber würde die Pause gern noch etwas ausdehnen und die Ruhe genießen. Doch so langsam drängt die Zeit. Wir haben schließlich noch ein ganz ordentliches Stück Weg vor uns. Narcisse wird kurz gestriegelt; die Kontrolle der Hufe ist bei mir fester Bestandteil jeder größeren Pause – lieber einmal zu viel als zu wenig. Satteldecke drauf, Tragegestell festschnallen, Gepäcktaschen einhängen, ein Kuss auf die Stirn und los.

Vom Château bis zum Dorf Luc brauchen wir eine halbe Stunde. Es liegt direkt an der D 906 zwischen Langogne und La Bastide-Puylaurent und besitzt, wie schon Robert L. Stevenson feststellte, „keine Schönheit". Man möchte dem Schriftsteller nicht widersprechen. Besser gefallen hat ihm dagegen die Wirtin des Gasthofs von

Luc, wo er „auf Stroh gelagert und mit zwei Tischtüchern zugedeckt" übernachtet hatte: „... das Bild wurde durch die Wirtin keineswegs entstellt, eine stattliche, stille, dunkle alte Frau in schwarzer Kleidung und Haube wie eine Nonne".

Schon von Weitem sehe ich die stilisierte Möhre, in Frankreich ein sicherer Hinweis auf Tabakprodukte, Zeitungen und Zeitschriften, Lotteriescheine und diverse Snacks. Und weil mir in diesem Moment der Sinn nach einem kalten Getränk steht, wird Narcisse unter der Möhre geparkt. Ich kaufe mir eine Cola und setze mich zu meinem Esel raus vor die Tür.

Was für ein Leben. Sich einfach nur so freuen zu können ist etwas Wunderbares. Ist doch das „einfach nur so freuen" im Unterschied zum „sich über etwas freuen" für mich näher dran am Glücklichsein. Hier bin ich, und ich bin froh. Mein Kopf ist leer, es gibt nichts, was zu bedenken wäre. Keine Unterschiede, keine Verglei-

Gruppenfoto mit Narcisse: Simone, Annie, Lucette und Christine

Tabakwerbung mit Möhre und Esel

che. Alles ist gut, so wie es ist. Das Hiersein fühlt sich prima an, weil ich weiß, dass es in Kürze weitergeht. Es ist die Vorfreude auf das, was kommt, auf den neuen, unbekannten Weg und das neue Ziel in der nahen Ferne. Was für ein Vergnügen. Mal hab ich Sand, mal kleine Steinchen in den Schuhen. Kletten von dort und ein paar Mückenstiche von hier. Gut ist es, die Natur unter den Füßen und auf der Haut zu spüren. Das scheinbar unstete, plan- und rastlose Umherstreifen, das Sprunghafte meines Lebens und die manchmal rasch wechselnden Gemütszustände sind irgendwie am Ziel angekommen. Nicht im „heute hier, morgen dort", sondern einfach in der Gewissheit des Sosein-Dürfens. Wer wollte mir schon hineinreden? Der Esel? Ich bin ein Freibeuter, der niemandem etwas wegnimmt. Ich erobere mir ein kleines Stückchen dieser Welt, und meine Erinnerungen sind meine Schätze. Schon jetzt. Meine Art des Reisen stellt den Zufall über die tagtägliche Ordnung, und das Chaos ist fester Bestandteil der Planung. Wobei das Chaos in diesem Falle einen Namen hat: Narcisse.

Die Straße vor meiner Nase führt ins Unbekannte. Sie kommt aus dem Irgendwoher, und durch die Eselwanderung wird dieser an sich banale Zustand doch irgendwie bemerkenswert, weil die langsame Art des Reisen die Unerreichbarkeit der Ferne für den Moment festschreibt. Links geht es nach Pradelles, und liefen wir nach rechts, kämen wir irgendwann nach Mende. Nahe Orte, die weit, weit weg zu liegen scheinen. Was zählt, ist einzig und allein die erreichbare Nähe, die Umgebung.

Straßen sind ein tolles Beispiel für diese Entortung, die ich immer verspüre, wenn ich für längere Zeit im Auto sitze, und zu meiner Überraschung stellt sich genau dieses Gefühl auch mit dem Esel an meiner Seite ein. Weder Entfernung noch Geschwindigkeit zählen. Nein! Es ist allein die Bewegung von einem Ort zum nächsten und die Langsamkeit der Fortbewegung, die jeden Eindruck bis ins kleinste Detaile hinein verstärkt. An eine Wand neben mir, die Farbe vom Regen längst verwaschen, hat vor Jahren jemand einen schwarzen, wolfsähnlichen Kopf gemalt. Ein Bild der zähnefletschenden Bestie, das nur der Wanderer entdeckt. Die Welt besteht aus Kleinigkeiten. Würde mir jemand ein richtiges Gehalt für Eselwanderungen zahlen, ich unterschriebe den Arbeitsvertrag sofort.

Und was hat es mit der stilisierten Möhre auf sich? Auch in Frankreich gab es mal eine Zeit, in der Zigarrenraucher ihrer Leidenschaft ohne großes Brimborium und ohne Humidore nachgingen. Da kamen die gekauften Zigarren in eine kleine Holzkiste, und damit das Klima stimmte und die wertvollen Stücke nicht austrockneten, legte man eine Möhre mit zu den Zigarren. Ein einfacher Trick, der bestimmt funktioniert und an den die stilisierten Möhren über wohl fast jedem Tabak- & Lottogeschäft in Frankreich noch heute erinnern.

Der Rest des Tages mündet fast in einer Katastrophe. Am liebsten würde ich diesen Teil der Tour aus meinem Gedächtnis streichen. Von dort, wo wir gerade Pause machten, führt der Weg über die Straße D 906 und dann als D 19 leicht abschüssig bis zu einer Brücke über den Fluss Allier. Links vor der Brücke steht die Ruine eines alten Sägewerks. Wer auf dem Stevenson-Weg bleiben will, muss sich hinter der Brücke links halten und dann, in einer weiten Rechtskurve, den Wegmarken folgen. Nach etwa 400 Metern verlässt man die Straße nach rechts in einen ansteigenden Waldweg.

Hätte ich gewusst, was mich erwartet, dann wäre ich gleich nach rechts in Richtung Aubenas gelaufen. Ein paar Kilometer entlang der Straße wären so schlimm nicht gewesen. Stattdessen latschen wir brav wie uns befohlen nach links und bleiben auf dem Stevenson-Weg. Der macht einen riesigen Umweg über einen Berg und durch einen Wald und kommt am Ende wieder auf die Straße heraus, die viel kürzer und leichter zu bewältigen gewesen wäre.

Auf diesem Weg werden wir von vier völlig cholerischen Hunden aufs Schlimmste attackiert. Wie aus dem Nichts kommen die Köter von einer Weide auf uns zugestürmt. Einer der Hunde schafft es gleich mit einem Satz über den viel zu niedrigen Zaun. Narcisse ergreift die Flucht, und ich sehe mich einer Bestie gegenüber, die zum Glück allein gegen mich antreten muss, weil die anderen drei Hunde bellend hinter dem Drahtzaun verbleiben. Das Mistvieh zögert kurz – nur ein Moment der Unentschlossenheit, doch ich kann ihn nutzen, um meinen heruntergefallenen Regenschirm aufzuheben. Als das Tier mich angreift, stoße ich mehrmals mit der Spitze auf ihn ein. Es gelingt mir, ihm den Schirm in den Rachen zu schieben. Aus Versehen drücke ich im Eifer des Gefechts den Aufspannknopf, und mit Schwung öffnet sich der Schirm. Das ist zu viel, endlich weicht das Mistvieh zurück. Laut rufe ich um Hilfe. Gerade noch rechtzeitig kann ich mittels eines schweren Stocks den nächsten Hund am Sprung über den Zaun hindern. Ich werfe mit allem, was mir in die Hände fällt, und schwinge jeden nur greifbaren Ast. Gleichzeitig Rückzug auf der ganzen Linie.

Nachdem ich mir sicher bin, dass ich nicht verfolgt werde, begebe ich mich auf die Suche nach meinem Narcisse. Hier und da finde ich Teile meiner Ausrüstung im Wald verstreut. Nach gut einer Stunde entdecke ich auch Narcisse zitternd im Wald. Mit Möhren und Wiesenbussis gelingt es mir, meinen Esel zu beruhigen.

Als wir endlich weitergehen können, wähle ich vor lauter Aufregung den falschen Weg. Wir landen wieder in Luc an der Brücke.

Im Département Lozère ist der Allier schon ein richtiger Fluss geworden

Zum Glück treffen wir dort auf Vick, der auf einer Wiese arbeitet. Er gibt mir sein Handy, damit ich mit Marie sprechen kann, und nach diesem Gespräch fasse ich wieder Mut für den Rest des Weges.

Ende vom Lied: Wir gehen jetzt die Straße D 19 entlang des Allier zurück in Richtung Aubenas, gelangen nach knapp 20 Minuten genau an den Punkt, wo der Stevenson-Weg aus dem Wald kommend auf die D 19 trifft, und biegen einige Meter weiter nach rechts in Richtung Labrot ab. Zu allem Überfluss sind die Wegmarken des GR 70 an dieser Stelle besonders schlecht zu finden. Da verlasse ich mich lieber auf meine Wanderkarten.

Auf Pranlac folgt Laveyrune. Wir laufen auf der D 154 bis zum Weiler Rogleton, wo es die nächste Überraschung gibt. Auf etwa 30 Metern führt der GR 70 einen schmalen Pfad hinab, der bei Trockenheit gut passierbar sein soll, deshalb denke ich nicht weiter darüber nach. Nach zehn Metern steckt Narcisse knietief im Morast.

Ich muss alles Gepäck abladen, dann breche ich aus einem Zaun einige Bretter heraus und helfe meinem Eselchen, jedes Bein einzeln aus dem Dreck zu ziehen und auf ein Brett zu stellen. Was für eine dumme Wegbeschreibung, nur um sich ein paar Meter durch Rogleton hindurch zu sparen. Vorsichtig gehe ich voran, lege immer wieder Bretter aus und führe Narcisse sicher nach unten auf die Straße, wo ich ihn wieder beladen kann. Wer denkt, er müsse hier unbedingt auf dem Stevenson-Weg bleiben, riskiert unter Umständen das Leben des Esels. Selbst bei Trockenheit ist der Boden löchrig. Die Gefahr, dass sich Ihr Esel die Knochen bricht, Ihre Reise hier zu Ende ist und das Tier eingeschläfert werden muss, ist einfach viel zu hoch.

Nach über zwölf Stunden treffen wir endlich am Ziel in La Bastide-Puylaurent im Hotel La Grand Halte ein und bekommen zum Glück noch ein Abendbrot. Das Hotel klingt nach mehr, als es ist, doch für meinen Narcisse ist bestens gesorgt, und ich brauche unbedingt eine heiße Dusche. Rechnet man die Umwege der heutigen Strecke hinzu, dann haben wir 34 Kilometer geschafft. Ein paar Meter sollen noch dazukommen.

Das La Grand Halte hat schon bessere Tage gesehen. Als ich nach dem Abendbrot nach oben auf mein Zimmer gehe, fällt die Entscheidung, nicht in diesem Bett zu schlafen, innerhalb weniger Sekunden. Ich dusche schnell und nutze dann das Dämmerlicht, um leise zu verschwinden. Ich will mich nicht beschweren. Vielleicht bin ich auch nur zu überreizt nach diesem Tag. Ich brauche unbedingt Ruhe, und ich möchte jetzt wirklich mit dem Esel ganz für mich alleine sein.

Rasch gehe ich die Treppe hinunter und hole Narcisse aus seinem Gehege. Keine zehn Minuten später sind wir auf dem Weg in Richtung des Trappistenklosters Notre-Dame-des-Neiges, erbaut zwischen 1850 und 1861, wo Stevenson seinerzeit übernachtete. Der Weg dorthin ist schön, und ich kenne das Kloster von früheren

Reisen. Nur ein paar Meter in den Wald hinein; hier und dort schimmern Lichter zwischen den Bäumen hindurch. Schnell baue ich auf einer kleinen Wiese mein Zelt auf, schmeiße all meine Sachen hinein und krieche glücklich in den Schlafsack. Narcisse wird nicht angebunden, und ich spanne auch keinen Draht um uns herum. Niemals würde er mich verlassen. Das weiß ich mit Sicherheit. Der Esel läuft ein- oder zweimal um mein Nachtlager, ich höre ihn fressen, und dann plötzlich legt er sich vors Zelt und schiebt seinen Kopf so weit es geht in meine Richtung. Hast du etwa Angst so allein nur mit mir hier draußen? Es knackt mal hier und da im Wald, ein Käuzchen ruft, dann ist Ruhe. Narcisse steht nach einer Weile wieder auf und stellt sich dicht neben das Zelt. Die Nacht bricht mit schwärzester Dunkelheit und einer fast unheimlich wirkenden Stille über uns herein. Genau das habe ich nach dem heutigen Tag gebraucht. Wovor sich fürchten?

Ich liege auf dem Rücken und schaue aus dem Zelt hinaus nach oben in den Sternenhimmel – gutes Wetter werden wir morgen haben –, gehe in Gedanken Jahre zurück und versuche, mich an das Kloster zu erinnern. Da war das große Gästehaus, ein Parkplatz mit vielen Tischen und Bänken, links auf einer kleinen Anhöhe das eigentliche Kloster. Ein ruhiger Ort, den ich in guter Erinnerung habe. Wie viele Mönche werden wohl heute noch dort leben? Keine Ahnung. Vielleicht 30 oder 40 Zisterziensermönche, von denen ich aber nie einen sah. Sollten das wirklich Trappisten sein, dann sind diese asketisch lebenden Mönche (der strengen Observanz) bestimmt schweigend mit ihren Gebeten und ihrer Arbeit beschäftigt. Doch wer in der Nähe ist, sollte unbedingt hier Rast machen und besser hier als in La Bastide-Puylaurent übernachten. Stevenson war von der Gesprächigkeit der schweigsamen Mönche sehr überrascht und staunte nicht schlecht, als das Glockengeläut um 2 Uhr morgens die Nacht für beendet erklärte und zu Gebet und Arbeit rief. Das wäre nichts für mich.

Gründe des Zögerns und des Stehenbleibens

Es gibt viele Gründe, die einen Esel am flotten Lauf hindern, und es gibt noch mehr Gründe für sein hartnäckiges Stehenbleiben. Ich will versuchen, die wichtigsten dieser Pausen zu nennen, die wie aus dem Nichts über den Esel und seinen Herrn hereinbrechen können, und dabei einige Möglichkeiten aufzeigen, mit denen man den Esel wieder in Gang setzen kann. Von der häufigsten und naheliegendsten Idee, den Esel mit Köstlichkeiten zu locken, rate ich gleich zu Anfang ab. Wenn der Esel das begriffen hat, läuft er nur noch, wenn Sie Leckerlis anbieten. Oder anders ausgedrückt: Das Ende der Vorräte ist das Ende der Reise.

Einen Esel zum Laufen zu bringen ist nicht so schwer. Die Kunst ist, ihn am Laufen zu halten! Im Folgenden werden einige Probleme und mögliche Lösungen (mit einem Augenzwinkern) beschrieben, und die Kunst des richtigen Ziehens unter Punkt 3 erläutert. Der Trick, den Esel lieber anzuschieben, sei aber gleich verraten. Nicht vergessen: DER MOTOR IST HINTEN!

1. Ungeklärte Herrschaftsverhältnisse. Die Frage, wer auf einer Tour das Sagen hat, ist gerade in reinen Zweier-(Esel-Mensch-) Beziehungen von größter Bedeutung. Wer hier Unklarheiten zulässt, wird sich schnell mit ungeahnten Herausforderungen konfrontiert sehen. Sagen wir mal so: Die Tour verläuft im Falle einer Kommandoübernahme durch den Esel anders als geplant. Es wird dann wohl eher eine „Tortour“.

Zu Beginn einer Wanderung werden Sie sich mit zahlreichen, teils recht unterschiedlichen und überraschenden Versuchen des Esels konfrontiert sehen, die Herrschaftsverhältnisse von den Füßen auf die Hufe zu stellen. Ein erprobter Wanderesel kennt viele Tricks. Die Palette reicht vom einfachen Stehenbleiben über Schleichen, Laufen-Fressen-Laufen-Fressen … wobei nach einer Weile mehr gefressen als gelaufen wird. Ich kenne eine Eselin, die bei Bedarf sogar humpelt, bis der Hänger mit dem Austauschesel kommt. Und selbstverständlich versucht der Esel das Tempo und, noch besser, auch die Richtung festzulegen. **Da hinten die Butterblumen, die müssen weg**. An dieser Stelle Tierliebe mit Führungsschwäche zu verwechseln wäre das absolut falsche Signal.

Zu Anfang gehen Sie neben dem Esel und führen ihn am kurzen Führstrick. Sie bestimmen Richtung und Tempo und unterbinden auf jeden Fall diese permanente Fresserei am Wegesrand. Fressen ist nötig, im Sommer sicher auch Trinken, doch dafür gibt es genügend Gelegenheiten: Wenn sie z. B. ein Foto machen, in den Karten blättern oder selber mal im Wald verschwinden. Eine Pause alle 60 bis 90 Minuten kommt einem natürlichen Rhythmus aus Bewegung und Nahrungsaufnahme sicher recht nah. Achten Sie nur darauf, die Pausen nicht allzu lang auszudehnen.

Solange der Esel frisst, ist alles gut. Fängt er aber an, nur noch hier und da zu naschen, ist es höchste Zeit weiterzuziehen. Sollten Sie diesen Punkt verpassen, geht der Esel in Stand-by. Siehe Punkt 4.

2. Das Universum. Hier hilft nichts. Der Esel möchte stehen und schaut abwesend durch Sie hindurch. Planen Sie einfach eine Pause von 20 bis 30 Minuten ein. Sollten Sie das Gefühl haben, dass der Esel Sie anschaut, haben sie es mit Punkt 3 zu tun. Handelt es sich aber wirklich um das Universum, dann blickt er völlig durch Sie hindurch. Es gibt nichts, was Sie tun können, um den Esel kurzfristig wieder in Betrieb zu setzen. Kochen Sie Tee oder Kaffee, machen

Sie ein Nickerchen. Weder Futter noch gute Worte, kein Betteln, Schieben und Zerren wird zum Erfolg führen. Sie werden niemals verstehen, warum der Esel steht. Haben Sie einfach nur Geduld.

3. Wenig sehen, viel hören – Geräusche, Hörenswürdigkeiten und Bemerkenswertes. Viele Pausen haben ihren Grund in schlechten Augen. Eselohren dagegen sind sehr fein; Esel sehen sozusagen mit den Ohren. Sie werden sich manchmal fragen, was denn nun schon wieder ist. Aber wenn er etwas hört, was ihn beunruhigt, dann hält ein Esel schon mal an und prüft, ob Gefahr droht. Sie können diesen Vorgang leicht an der Stellung der Ohren erkennen.

Es handelt sich hierbei aber nur um kurzfristige Momente des Haltens. Der Esel hat etwas gehört oder gerochen, was ihm komisch vorkommt, und bleibt stehen und wartet ab.

Geduld ist auch hier gefragt. Doch im Unterschied zu Punkt 2 gibt es die Chance des Verstehens. Der Esel steht, schaut in eine bestimmte Richtung und versinkt über der Betrachtung einer scheinbar nicht näher zu benennenden Sache in eine Art Trancezustand. Tut er nicht! Er lauscht nur. Geben Sie ihm das Gefühl von Nähe, schaffen Sie Vertrautheit und bleiben Sie hartnäckig. Lassen Sie ihm nur Zeit, die Dinge zu erlauschen, die Sie möglicherweise längst gesehen haben. Das, was Sie mit den Augen fixieren und mustern, beurteilt ein Esel nach akustischen Signalen und aus der Nähe auch mit der Nase. Esel erschnuppern mit Interesse die Umwelt: Menschen in Gärten oder andere Esel, Katzen, Autos und Kindergruppen. Das alles ist von Wichtigkeit.

Sie werden vielleicht Anbieter von Eselreisen finden, die Ihnen aus diesen Gründen empfehlen, Ortschaften zu meiden. Aber wie sollte eine Wanderung aussehen, wenn man sich die kleinen Ortschaften am Wegesrand nicht anschauen soll? Nein, nein. Stellen Sie sich einfach auf Ihren Esel ein. Üben Sie sich in Geduld oder nehmen Sie sich ein Herz und drängeln Sie. Natur und Kultur, Blümchen und Gärten … das alles sind lauter Gründe für kurze Behörungen und Beriechungen. In Sachen Durchschnittsgeschwindigkeit sind sie aber nicht wirklich relevant. Tief durchatmen. Diese Anfälle des Stehenbleibens sind zumeist nach fünf bis zehn Minuten vorbei. Warten Sie ab. Sie haben es nicht eilig, Sie haben Urlaub.

Wenn Sie aber doch lieber zügig weiterwollen, dann versuchen Sie es ruhig mit Ziehen (von vorn) oder Drängeln (von hinten). Anstiften zum Weitergehen kann durchaus hilfreich sein. Geben Sie Spannung auf den Führstrick und halten Sie diese aufrecht. Bewegt sich der Esel, lassen Sie locker, damit er merkt, dass das unangenehme Gefühl des gespannten Führstricks sofort aufhört, wenn er sich bewegt. Und sollte Ihnen das zu anstrengend sein, dann probieren Sie es mit Krach von hinten. Ein kratzendes Stöckchen auf der Straße, Klatschen und laute Rufe. Der Motor ist hinten. Bleibt der Esel dennoch an gleicher Stelle stehen, handelt es sich um Punkt 2. Dann müssen Sie sich in Geduld üben.

4. Tagträume. Wenn der Esel zu träumen anfängt, kommt es oft zu Reibereien. Der Grund für Tagträume sind meistens etwas zu lange Pausen. Hier geht es den Eseln wie den Menschen. Ein kurzer Powernap wirkt Wunder, ein richtiger Mittagsschlaf, und der Tag ist im Eimer. Sie sind schuld. Denken Sie einfach daran, dass eine Pause nicht länger als 15 bis 20 Minuten sein sollte. Wenn der Esel sich vielleicht ordentlich gewälzt hat, wenn er schön gefressen hat, dann geht er irgendwann in den Stand-by-Modus, nascht nur noch hier und da und steht rum. Wenn Sie jetzt den richtigen Zeitpunkt verpassen, dann fängt er an zu träumen. Also rechtzeitig zum Aufbruch blasen. Ja, auch ruhig mal etwas ziehen oder schieben.

5. Gras und Blätter und überhaupt … Fressbares am Wegesrand. Die Gesamtheit aller fressbaren Pflanzen auf dem Weg ist für den Esel kein prinzipielles Hindernis, die Verdauung all dieser Nahrungsreserven nicht wenigstens in Angriff zu nehmen. Jeder halbwegs wandererfahrene Esel beherrscht die Kunst des Fresslaufens oder besser des laufenden Fressens. Achten Sie darauf, dass er dennoch in Bewegung bleibt. Wenn Sie neben dem Esel laufen, fassen Sie den Führstrick schön kurz, dann können Sie bei Bedarf, wenn der Esel z. B. rechts etwas abbeißen will, sofort reagieren und die Fressbewegung schon im Ansatz unterbinden. Gerade zu Beginn der Tour sollten Sie bestimmen, wann und wo pausiert wird.

6. Hinterlassenschaften. Sie sind fast immer von Interesse und werden gern ausgiebig beschnuppert. Sie können aber davon ausgehen, dass es sich nur um vorgeschobene Gründe handelt. Der Esel nutzt diese Schnupperanfälle nur für kleine Pausen von 20 Sekunden bis maximal einer Minute. Ich habe oft genug erlebt, dass es auch anders geht und das Geruchserlebnis durchaus verzichtbar ist.

Wenn der Esel einen eigenen Haufen machen möchte, ist das zwar kein Grund, um länger anzuhalten, doch etwas Ruhe sollten Sie ihm als Gebot der Höflichkeit schon gönnen. Es ist zwar richtig, sofort zu reagieren, wenn der Graue aus der Reihe tanzen möchte, doch wenn er den Schwanz anhebt und sich etwas gespreizt stellt, dann zerren oder schieben Sie nicht, sondern schauen freundlich in den Wald. 15 bis 20 Sekunden müssten reichen.

7. Gruppen von Wanderern (vorzugsweise beim Picknick). Immer ein guter Grund für eine längere Pause! Als Herdentier schätzt der Esel größere Menschenansammlungen, zumal solche Zusammenkünfte eine gute Gelegenheit sind, sich die im Umlauf befindlichen Lebensmittel genauer anzuschauen. Gehen Sie davon aus, dass Esel dabei nicht besonders sensibel betteln, sondern eher nassforsch zu Werke gehen. Habenwollen, und zwar sofort, lautet die Devise. Allerdings geben sie schneller auf als Hunde, wenn man sie wegschiebt. Achten Sie darauf, was dem Esel angeboten wird.

Nur mal kurz anhalten und vom Löwenzahn kosten …

Keine frischen Backwaren! Das ist ganz wichtig. Ein Stückchen Apfel, eine Möhre, eine Bananenschale oder etwas Gurke sind dagegen okay. Das werden Sie sowieso kaum verhindern können.

Nicht einfach ist es, den Esel an einer Gruppe vorbeizuführen, weil in diesem Falle mehrere Gründe des Stehenbleibens zusammenkommen: Betrachtungen der Gruppe und Betrachtungen der einzelnen Lebensmittel. Vorstellungen und Träume, wie diese wohl schmecken (könnten), und die nur langsam einsetzende Erkenntnis, dass nicht alles erreichbar ist, was sichtbar oder riechbar ist.

Sehr schwierig. Wenn Ihnen selber nicht nach Pause und Picknick ist, mache ich Ihnen wenig Hoffnung. Zumal jetzt die ganze Gruppe zuschaut, wie es Ihnen wohl gelingen wird, beim Esel die Bremse zu lösen. Am einfachsten ist es, das Ende der Pause abzuwarten und zusammen mit der Gruppe zu starten. Ist der Esel erst mal wieder in Bewegung, können Sie die Gruppe davonziehen lassen.

8. Steigungen. Die sind manchmal schwierig. Vergessen Sie nicht, dass der Esel einen Großteil des Gepäcks trägt. Also passen Sie sich seinem Tempo an und gönnen Sie ihm kurze Verschnaufpausen. Besonders im Hochsommer ist das ein relevanter Gesichtspunkt. Zum vorsichtigen Antrieb dürfen Sie leicht mit dem Stöckchen auf die Straße klopfen und ihn verbal etwas anfeuern. Wohlmeinende Klapse auf den Po kommen immer gut an. Aber seien Sie nachsichtig. Einige Steigungen sind wirklich anspruchsvoll. Gehen Sie dann hinter dem Esel. Den für ihn besten Weg findet er selbst, und ihn bergauf zu ziehen bringt gar nichts. Wenn Sie alleine mit einem Esel wandern, empfehle ich vor großen und langen Steigungen einen Blick zurück. Ist da eine Wandergruppe im Anmarsch, können Sie deren Eintreffen für den gemeinsamen Anstieg nutzen. Kurz warten, bis die Gruppe aufgeschlossen hat, und dann mit Schwung …

9. Abstiege und andere Hindernisse. Sie können ebenfalls schwierig sein. Hier gilt es, auf verschiedene Dinge zu achten. Es kann sinnvoll sein, dem Esel voranzugehen und selber nach einem guten Weg zu suchen. Wenn Ihnen der Esel vertraut, dann wird er Ihnen auch folgen. Man achte gerade bei Abwärtsbewegungen aber auf etwas Abstand, weil ein Esel durchaus auch einmal springt.

Auf keinen Fall sollten Sie den Esel abwärts ziehen. Seien Sie aber darauf vorbereitet, dass ein Esel bei Abstiegen gern mal losrennt und dabei vorangehende Wanderer rüde zur Seite schiebt. Kein Esel berechnet das Gepäck auf seinem Rücken mit ein, wenn es um die Frage des Platzes geht. Halten Sie Abstand zu anderen Gruppen und gehen Sie nicht neben dem Esel, wenn auf Ihrer Seite ein Abhang ist. Auf solche Dinge achtet kein Tier. Das ist Ihre Aufgabe.

10. Erschöpfung. Die gibt es auch beim Esel, deshalb sollten Sie immer für Pausen sorgen. Richtig ist, dass ein Esel nicht permanent fressen muss, doch hin und wieder gehört eine kleine Fresspause dazu, und im Sommer braucht das Tier auch tagsüber Wasser. Wenn Sie Rast machen, nehmen Sie ihm unbedingt das Gepäck und das Tragegestell ab. Zum einen verrutscht die Ladung immer wieder, und das drückt, und außerdem lieben es Esel, wenn sie sich mal wälzen können. Gönnen Sie ihm diese Erholungsphasen.

Resümee. Das Ziel einer jeden Eselwanderung sollte sein, dass Mensch und Tier gleichberechtigt neben- und miteinander laufen. Ohne Kraft und schon gar nicht mit Gewalt! Als Mensch sollte man sich nach einiger Zeit auf das Tier eingestellt haben und diesem so viel Raum wie möglich lassen, ohne dabei das eigene Ziel aus den Augen zu verlieren. In reinen Zweierbeziehungen (ein Esel – ein Mensch) kann der Start durchaus schwierig werden, und ohne dominante, klare Ansprache werden viele Esel versuchen, das Kommando zu übernehmen. Besonders dann, wenn man ein einzelnes Tier aus der Herde herauslöst und versucht, einfach loszulaufen … Das kann schwierig werden. In dieser Phase würde ich immer dazu raten, keine Zweifel an der Führungskompetenz des Menschen aufkommen zu lassen.

Dennoch sollte man sich immer bemühen, eine Eselwanderung als Kompromiss zu betrachten, und wer genau hinsieht und hinhört, wird bei seinem vierbeinigen Begleiter schon bald so etwas wie einen ganz eigenen, natürlichen Rhythmus aus Laufen, Naschen, Pausieren und Fressen – und Weiterlaufen erkennen.

Mit etwas energischer Geduld kann man schon bald mehr und mehr auf den Führstrick verzichten. Läuft es richtig gut, spaziert man stundenlang nebeneinander her – und das ist ein gutes Gefühl. Wer aber in Begleitung eines Esels nur etwas spazieren möchte und sich nicht, wie ich damals, gleich 24 Kilometer Strecke aufgeladen hat, kann natürlich auch einfach dem Esel hinterherlaufen, wenn dieser auf der anderen Straßenseite einen hübschen Löwenzahn entdeckt hat. Spaß macht das allemal.

Mundraub

Geweckt werde ich durch die ersten Lichtstrahlen des Tages. Narcisse blinzelt mich an und streckt mir seine Nase entgegen. Es gibt Espresso mit gezuckerter Kondensmilch, der Rest des Proviants wird brüderlich geteilt. Anschließend baue ich mein Zelt ab, und schnell sind wir wieder zurück in La Bastide. Verlassen und ruhig liegt das Hotel vor uns. Ich sehe, wie eine Mitarbeiterin den Frühstücksraum vorbereitet. Kurz entschlossen gehe ich zur Einfahrt hinein, binde den Esel im Hof an und lege die Satteltaschen neben ihm ab. Niemand hat bemerkt, dass wir weg waren und niemand soll es merken. Wie selbstverständlich gehe ich nach oben in mein Zimmer, wo noch der Schlüssel steckt, mache mich frisch, öffne das Fenster und zerwühle das Bett. Nur ein Tatortreiniger mit langer Berufserfahrung würde bemerken, dass hier etwas nicht stimmt.

Narcisse bekommt noch eine kleine Schüssel mit Pellets, wird gestriegelt und sorgfältigst auf die anstehende Etappe vorbereitet. Dann verabschiede ich mich, und wir verschwinden so schnell und leise, wie wir heute morgen gekommen waren. Den Ärger von gestern, die Angst vor den Hunden, die Suchaktion im Wald und die

Links: Auf dem Weg nach Chasseradès

ganzen Umwege – all das habe ich in der dunklen Nacht von mir abgeschüttelt.

Frohen Mutes breche ich auf. Die Route bis Chasseradès sollte leicht zu schaffen sein, denn schlimmer als gestern kann es gar nicht werden. Wir haben vier Kilometer Anstieg vor uns, und auch wenn es nur etwa zwölf Kilometer bis zum heutigen Etappenziel sind, heißt das nicht, dass wir bummeln. Die Strecke beginnt direkt hinter dem Hotel und ist bestens ausgeschildert.

Nach einer Stunde ist es schon ziemlich heiß. Narcisse hat überhaupt keine Lust, was er mich umgehend wissen lässt. Er trödelt, was das Zeug hält, steht einfach nur rum, tut so, als wären seine Kräfte erschöpft – was einfach lachhaft ist –, und läuft nur in kleinen Abschnitten. 20 Meter laufen und dann wieder anhalten. Wenn wir die letzten Tage nicht so gut und harmonisch miteinander ausgekommen wären, würde ich ihm die Hölle heißmachen. Jetzt lasse ich ihn stehen und laufe einfach weiter. Ein Trick, den ich mir von vielen Eltern abgeschaut habe. Klappt beim Esel zwar nicht ganz so gut wie bei den kleinen Schreihälsen, doch ganz ohne Wirkung bleibt es auch nicht. Nach einiger Zeit kommt der Esel hinterhergerannt. Wer will denn schon allein im Wald bleiben? Großer Vorteil gegenüber Menschenkindern: Der Esel heult und plärrt nicht. Nach zwei Stunden sind wir oben auf dem Berg.

Narcisse wird entladen, darf sich tummeln und wälzen. Ich koche Kaffee, mache ein richtiges Frühstück und begrüße die ersten Wanderer, die uns einholen. Das Wetter ist ein Traum. Wenn der Esel jetzt läuft und nicht wieder so herumtrödelt, dann sollten wir in spätestens zwei Stunden da sein. Ein guter Moment, um die letzte Dose Heidelbeer-Red-Bull zu trinken. Da ist irgendwas drin, was entweder süchtig macht oder mir vielleicht im Moment fehlt.

Halt, was ist das da für ein schönes Motiv? Ich springe auf, renne mit gezücktem Fotoapparat einige Schritte zu einem großen Insekt und höre plötzlich in meinem Rücken ein mir sehr vertrautes

Geräusch. Es klingt, als würde jemand eine Getränkedose zusammendrücken. Knisterndes Blech. Schmetterling weg. Wie ein geölter Blitz fahre ich herum und sehe noch, wie sich der Unhold meine letzte Dose Red Bull in den Hals laufen lässt. Der schluckt nicht mal. Er hat sie mit seinen spitzen Lippen gegriffen und dann den Kopf weit in den Nacken gelegt. Fassungslos stehe ich da und sehe zu, wie die leere Dose auf den Boden fällt. Und, war's lecker? Darf ich dem Herrn noch was bringen? Eine Möhre vielleicht?

Na warte, mein Freundchen, wer Energydrinks trinkt, der muss Leistung zeigen. Die Pause ist vorbei, wir ziehen sofort weiter. Mistkerl. Vielleicht bedarf es dieser kleinen Katastrophen, um Narcisse auf Kurs zu bringen? Oder sind es nur die Steigungen, die ihm so gar nicht gefallen? Ab sofort sind wir jedenfalls richtig schnell unterwegs. Der Führstrick in meiner Hand ist völlig überflüssig. Ich werfe die Leine über seinen Rücken und spitze die Lippen: „Parlez-moi d'amour" ist einer dieser Ohrwürmer, die mich seit frühester Kindheit begleiten. Ich glaube, es war die erste Schallplatte, die ich in Händen hielt.

Liegt das wirklich 47 Jahre zurück? Jedenfalls waren es die Tage, Wochen und Monate, in denen sich meine Eltern scheiden ließen. Meine Mutter, plötzlich von der Möglichkeit, Musik hören zu können, abgeschnitten, kaufte sich einen eigenen Plattenspieler und zwei Schallplatten dazu: Gilbert Bécaud und Juliette Gréco. Zwei LPs, die sich seit ihrem Tod in meinem Besitz befinden, und bis heute trage ich einige der Melodien im Kopf und im Herzen. Ich verstehe zwar die Texte nicht, aber die Musik, die hat sich mir ins Hirn gebrannt. Nie werde ich das Bild meiner Mutter vergessen, wie sie auf dem Fußboden saß und die erste Schallplatte auflegte. Wenn ich richtig rechne, dann war ich damals gerade drei Jahre alt. Kindheitserinnerungen, die ich mit Tönen und Farben verbinde.

Fröhlich pfeifend geht es zügig voran. Ich erfreue mich des herrlichen Sonnenscheins und der Schäfchenwolken, als plötzlich ein mir sehr vertrauter Text gesungen wird. Simone, Annie, Lucette und Christine haben uns eingeholt und hinter meinem Rücken das berühmte Lied, dessen Melodie ich nur so vor mich hingepfiffen hatte, angestimmt: „Parlez-moi d'amour, redites-moi des choses tendres. Mon cœur n'est pas las de l'entendre, pourvu que toujours …" Ein paar Schritte gehen wir gemeinsam, und Narcisse bekommt alle Möhren, die sie extra für ihn mitgenommen haben. „Wir sehen uns im Les Sources. Bis gleich."

Aber diesmal laufen die vier uns nicht so schnell davon. Müsste ich schätzen, dann würde ich sagen, Narcisse läuft im Moment gut 5 km/h. Einfach so, ohne drängeln, ziehen, ohne Führstrick. Er läuft neben mir wie ein gut erzogener Hund. Okay, okay, ein gut erzogener Esel. Groß ist der Vorsprung noch nicht, den die vier auf uns haben, und wir sind schnell unterwegs. Gleich mal testen, wie textsicher sie sind. Laut pfeife ich eine Melodie von Gilbert Bécaud, Annie dreht sich um, lacht und ruft „Nathalie". Prompt erklingt das Lied, diesmal von vorn: „La place Rouge était vide. Devant moi marchait Nathalie. Il avait un joli nom, mon guide Nathalie …" Bis gleich.

Kurz vor dem Les Sources verlieren wir die vier in einer lang gezogenen Rechtskurve (wir laufen auf der D 6) für kurze Zeit aus den Augen. In einiger Entfernung vor mir entdecke ich einen der Schneeverwehungstunnel, die im Winter die tiefer gelegenen Bahngleise schützen. Laut Reiseführer müssten wir gleich da sein. Noch ein paar Meter und das Hotel taucht vor uns auf. Von Weitem sehe ich, wie Lucette mit einem Tablett zu den Picknickplätzen vor dem Hotel läuft. Rechtzeitig zum Espresso treffen wir ein. Punktlandung. Um 13 Uhr sind wir da. Die vier spendieren Kaffee und Cola, wir schauen Bilder an und verabreden uns für den Abend. Sie übernachten im Ort – das Les Sources liegt ca. 500 Meter vor Chasseradès –, kommen zum Abendbrot aber hierher. Zeit, sich um den Esel zu kümmern, Wäsche zu waschen und Postkarten zu schreiben.

Ich setze mich an die Bar, bestelle mir ein Perrier mit Minzlikör und ein Sandwich. Viel braucht es nicht, um glücklich zu sein. Nie würde es mir hier draußen zu einsam sein. Es ist ein guter Ort, um sich zu langweilen. Auf Langeweile folgt immer Kreativität. Man darf die Zeit nur nicht mit dem Smartphone vergeuden. Einfach nichts tun und dem Kopf den Rest überlassen. Warum die Leute so viel Angst vor Langeweile haben, wird mir ewig ein Rätsel bleiben. Selten habe ich einen Ort erlebt, der so viel Gelassenheit ausstrahlt wie das Les Sources.

Am frühen Nachmittag kommen die Taxifahrer mit dem Gepäck, ab 16 Uhr treffen immer mehr Wanderer im Hotel ein. Unzählige Stimmen füllen das Haus. Für ein Stündchen setze ich mich zu Narcisse, der sichtlich dankbar für meine Gesellschaft ist, und höre auf den Wind. Ich mache ein Schläfchen auf der Wiese, hänge die Wäsche ab, schreibe an meinem Reisetagebuch. Vorwärts sind meine Gedanken und Träume gerichtet, rückwärts die Erinnerungen und das Verstehen – schon jetzt habe ich eine Leistung vollbracht, die mir einige Leute nicht zugetraut hatten. Mich durchzusetzen, nicht aufzugeben, mein Ziel nicht aus den Augen zu verlieren, das waren meine großen Herausforderungen. Kein Telefon, keine E-Mails und kein Radio waren dagegen eine leichte Übung.

Einzig den Wetterbericht habe ich mir angehört, und der gefällt mir gar nicht: Nässe, Kälte und Wind. Als würde nicht schon eins dieser meteorologischen Missgeschicke ausreichen. Wir bekommen die volle Packung. Wo bleibt die Erderwärmung, die mir seit Jahren schon versprochen wird? Ich glaube, manchmal bin ich schwierig.

Weil ich es aber nicht ändern kann, plane ich in aller Ruhe die nächsten Tage, blättere in den Karten und mache mir Aufzeichnungen für die Zukunft. Lasse ich mir vom Regen die Laune verderben? Nein! Soll er nur kommen, wir überstehen auch das schlechte Wetter. Zum Abendbrot begrüße ich Simone, Annie, Lucette und Christine, und gemeinsam gehen wir in den Speisesaal.

Ein Tag ohne Katastrophen

Am nächsten Morgen zuerst ein Blick aus dem Fenster, und siehe da, mein Houdini steht in seiner Koppel, spitzt die Ohren und stimmt ein freudiges I-ah an. Ein Anblick, der das Herz erwärmt. Mein Esel hört aufs Wort. Es ist nicht das schicke, vor dem Hotel geparkte Auto, nein, es ist der Esel hinterm Haus. Auto kann ja jeder.

Doch leider hat Narcisse einen schlechten Tag und startet unglaublich langsam in den frühen Morgen hinein. Und ich? Ich mache mir Sorgen wegen der Strecke, weil wir den Stevenson-Weg verlassen und völlig auf uns allein gestellt sein werden. Das heutige Ziel liegt deutlich abseits der markierten Route; wir werden keine anderen Wanderer treffen, an denen wir uns orientieren könnten. Keine Wegmarken an Bäumen und Steinen, die uns die Richtung weisen und eine sichere Ankunft garantieren. Sorgen machen ist genau mein Ding, Sorgen machen kann ich gut, und oft tritt am Ende ein, was ich vorab befürchtet hatte. Ganz so, als hätte ich es herbeigedacht.

Links: Fresspausen müssen sein, am besten ohne Gepäck

Nur was sollte passieren? Hoch den Kopf! Ich bin mit einem Esel allein im Wald. Weit und breit kein Mensch, der mir Steine in den Weg legen könnte – außer ich selbst. Was, wenn das Wetter mit dem angekündigten Regen ernst macht? Oft genug habe ich erlebt, wie verheerend sich Starkregen und Gewitter im französischen Zentralmassiv auswirken können. Innerhalb kürzester Zeit verwandeln sich selbst kleinste Bäche in tosende Flüsse, und weil der Boden die Wassermassen nicht so schnell aufnehmen kann, wie es von oben herabregnet, wälzen sich Sturzbäche über Wiesen und Felder abwärts ins Tal. Um ehrlich zu sein, beunruhigen mich die Vorhersagen sehr. Ich fürchte, dass es mit den schönen Tagen vorbei sein wird.

Aber für den Moment scheint die Sonne und 18 Kilometer bis Le Bonnetès sind gut zu schaffen. Gemütlich laufen wir am Straßenrand der D 6 vom Hotel Les Sources bis in den Ort Chasseradès, und wieder betrachte ich mit einiger Neugier den langen Schneeverwehungstunnel über den Bahngleisen. Es sieht so aus, als würde er sich in die Landschaft ducken und in einer Senke verstecken wollen. Genau dort, wo der Wind besonders oft viel Schnee ins tiefer gelegene Gleisbett weht, schützt der Tunnel einen stark gefährdeten Streckenabschnitt. Kein Wunder, dass meine Wäsche gestern so schnell trocken gepustet wurde. Die Wäscheleinen hängen genau in Windrichtung. Praktisch und ganz ohne Strom. Wären solche Tunnel nicht vielleicht eine Anregung für die Deutsche Bahn? Schnee ist ja immer schwierig.

Das Örtchen Chasseradès ist hübsch und bietet einige Möglichkeiten für ein gemütliches Frühstück. Ich überlege, ob wir zeitlich hinkommen, wenn ich mir ein Päuschen erlaube. Es gibt ja Leute, die raten von Pausen in Ortschaften dringend ab, weil der Esel sich dann nur schwer wieder in Gang setzen lässt. Doch weil ich mir die Ortschaften anschauen will, kümmern mich solche Tipps nicht. Narcisse hat sich direkt vor die Bäckerei gestellt und scheint nur darauf zu warten, dass ich ein Stückchen Croissant ausgebe. Na gut, du oller Fresssack, aber nur ein ganz kleines Stückchen. Brot ist wirklich nicht gut, und so wie du trödelst, sollte ich dir lieber einen Espresso spendieren.

In Chasseradès geht der GR70 genau gegenüber der Kirche weiter. Die ersten Wanderer brechen zu ihren Touren auf. Taxifahrer laden das Gepäck in ihre Autos, und mein Esel hat mehrere Fototermine mit fremden Leuten. Es war doch ein Fehler, hier anzuhalten. Ach, was soll's. Der Esel will abwarten, ob wir nicht doch zusammen mit einer Gruppe weiterlaufen könnten. Er steht und träumt und bewegt sich nicht. Die kleine Steigung durch den Ort erscheint als unüberwindbares Hindernis, und die Leute haben ihren Spaß. Brauchen Sie Starthilfe? Ein Herr winkt mit dem Autoschlüssel, ein Witzbold schwenkt das Abschleppseil. Fehlt nur noch, dass jemand mir ein Ladekabel anbietet. Wenn der Kerl doch nur laufen würde. Eine Eselwanderung ist bisweilen etwas anderes als eine Wanderung ohne Esel. Streckenweise gleicht sie mehr einem Spaziergang, dann wieder ist sie unfreiwillige Pause oder Panne. Genau weiß man das oft nicht. Aber egal, wie lange es dauert, irgendwann springt der Motor unweigerlich von alleine wieder an. Man fragt sich nur nach einer Weile, ob man mehr Wanderer, Motivator oder Antreiber ist. Wie ich schon sagte: Allein mit einem Esel durch die Gegend zu ziehen ist auf keinen Fall ein Selbstfindungstrip. Das wäre auch nicht meins.

Heute bin ich am Drängeln, und ich will mich nicht entschleunigen lassen. Nicht vom Esel, heute nicht. Soll ich dir noch ein Red Bull kaufen? Narcisse läuft, als hätte er Schlaftabletten genommen. Obwohl er gut gefressen hat und sich lange ausruhen konnte, tut er so, als hätte er seit Tagen nichts mehr bekommen. Oder liegt es an meiner französischen Aussprache? Kommen die Kommandos und Aufforderungen, sich bitte schön etwas zu sputen, nicht richtig bei ihm an? Ich weiß, dass er viel schneller sein könnte. Bei Bedarf macht er es mir ja immer wieder selber vor. Genau dann zum Beispiel, wenn er urplötzlich eine Wiese voller Butterblümchen entdeckt und losrennt, als gelte es das Leben. Nein, das ist alles nur Theater.

Aufmunternd schwinge ich mein Stöckchen und bringe den Esel langsam auf Trab. Doch schnell sind wir heute nicht. Gelegenheit, sich die Landschaft anzuschauen. Unser Weg führt vorbei an herrlichen Wiesen, die über und über mit Narzissen bedeckt sind. Ein wundervoller Anblick und endlich mal eine Pflanze, die der Esel nicht frisst.

Auf das Viadukt folgt die Schnellstraße, irgendwann erreichen wir Mirandol, wo man auch gut übernachten kann. Weiter geht es zum Weiler L'Estampe, und dann entdecke ich etwas oberhalb des Weges, direkt an einem kleinen Bach, eine Wiese, auf der sich die Butterblumen drängeln. Mir ist zwar nicht nach Pause, doch ich will meinem Esel eine Freude machen. Vorsichtig schiebe ich seinen Kopf nach rechts und leite ihn auf die Wiese. Soll er mal futtern, während ich mir einen Espresso koche. Na komm, da unten am Bach, da machen wir Rast.

Narcisse steht wie vom Blitz getroffen und schaut auf das Feld und die goldgelb leuchtenden Blüten. Mich würde es nicht wundern, wenn er ab morgen goldene Äpfelchen scheißt. Klar, Goldmünzen wären mir lieber, aber irgendwas ist ja immer. Ich nehme ihm die Tragetaschen und das Gestell, Satteldecke und Zaumzeug ab, drücke ihm einen Kuss zwischen die Ohren und schubse ihn in Richtung Feld. Alles deins. Und mein Esel, der lässt sich nicht lange bitten. Sogleich fängt er an und mäht, was das Zeug hält. Mein Gott, wie viel passt in einen Esel hinein? Die Butterblumen, die müssen weg. Ganz wie bei Wilhelm Busch, der sicher meinen Narcisse im Sinn hatte, als er sein Gedicht „Sie war ein Blümlein" schrieb: „Sie war ein Blümlein hübsch und fein, hell aufgeblüht im Sonnenschein. Er war ein junger Schmetterling, der selig an der Blume hing. Oft kam ein Bienlein mit Gebrumm und nascht und säuselt da herum. Oft kroch ein Käfer kribbelkrab am hübschen Blümlein auf und ab. Ach Gott, wie das dem Schmetterling so schmerzlich durch die Seele ging. Doch was am meisten ihn entsetzt, das Allerschlimmste kam zuletzt. Ein alter Esel fraß die ganze von ihm so heiß geliebte Pflanze.“ Jetzt das große Betttuch auf der Wiese ausbreiten, den Esel draufstellen und „Bricklebrit“ rufen.

Aber komm jetzt, mein Goldesel, wir müssen weiter und bleiben heute NICHT! auf dem Stevenson-Weg, der über Les Alpiers nach Le Bleymard führt. Nein, wir verlassen einige Kilometer nach L'Estampe die Asphaltstraße D 120 in einer sehr engen Rechtskurve und laufen geradeaus, vorbei an einem Holzlagerplatz, direkt in den Wald hinein.

Fragen Sie nicht, woran ich die Stelle erkannt habe. Um ehrlich zu sein, habe ich mich nur auf mein Gespür und die recht ordentliche Karte verlassen. Die ersten 100 Meter des Weges sind noch befestigt; es sieht aus, als würden hier Forstarbeiten durchgeführt. Große Holzstapel liegen herum, und es ist genügend Platz, damit LKWs wenden können. 50 Meter weiter steht man vor einer v-förmigen Weggabelung, an der man unbedingt den rechten Weg nehmen muss. Hinein in den dunkleren, älteren Teil des Waldes. Nach 300 Metern kommt ein einfaches Schild mit der Aufschrift GITE, und ich muss unweigerlich laut lachen. Ich hätte das Schild ja weiter vorne angebracht. Na egal.

Narcisse löst die Bremse und läuft wie aufgezogen neben mir her. Es geht immer geradeaus. Wir lassen einen Abzweig rechts und einen links liegen, bis wir plötzlich wieder vor einer v-förmigen Weggabelung stehen. Hinweisschilder? Fehlanzeige. Wir wählen den rechten Weg und biegen nach wenigen Metern im rechten Winkel wieder nach rechts ab. An der nächsten Möglichkeit geht es erneut rechts, unser Weg beschreibt einen weiten Bogen, und als wir endlich auf einen anderen Weg stoßen, biegen wir nach links in Richtung Bonnetès ab.

Narcisse stellt botanische Betrachtungen an

Die Strecke zieht sich ganz schön, und weil es außer Bäumen nicht viel zu sehen gibt, entsteht ein Eindruck von Endlosigkeit. Wenn ich ein Esel wäre, hätte ich auch keine Lust, hier mit fremden Sachen auf dem Rücken durch die Gegend zu latschen.

Weiter und immer weiter geradeaus, an der nächsten Gabelung bleiben wir wieder rechts, und pünktlich um 16 Uhr kommen wir im Gîte de l'Escoutal von Nathalie an. Hier hole ich mir sofort einen Anschiss ab, weil ich mit dem Esel aufs Grundstück gelaufen bin. Böser Fehler. Mir war der Platz zum Anbinden der Esel und Pferde zwar aufgefallen, doch ich hatte einfach keine Lust, die Gepäcktaschen selber durch die Gegend zu schleppen oder gar neben dem Esel liegen zu lassen. Ich überlege, ob ich mich gleich für die gute Beschilderung des Weges bedanken soll. Halte mich aber zurück, frage stattdessen nach einer Erfrischung und erkundige mich, wo ich meine Sachen ablegen kann.

Für Narcisse gibt es eine wunderbare Koppel, und damit mein Langohr etwas Gesellschaft hat, holt Nathalie ihren alten Esel dazu. Ein kleiner Kerl, fast 40 Jahre alt, der sich unheimlich freut. Augenblicklich weichen sich die beiden nicht mehr von der Seite. Mir wird noch einmal so richtig klar, wie hart meine Interessen, mein Reisewunsch für Narcisse sein müssen – Esel sind Herdentiere.

Mein Zimmer ist mehr Wohnung als Hotelzimmer. Urgemütlich, volle Bücherschränke, knarrende Holzdielen, dicke, bunte Stoffe, eine moderne Dusche. Überall Dinge, die das Gemüt erfreuen und die viel Abwechslung bieten. Wär's 'ne Hippiekommune, es würde mich nicht wundern. Wie verwunschen liegt das Gîte von Nathalie abseits aller Wege. Es war echt nicht leicht zu finden, doch die Ruhe und die Abgeschiedenheit, der persönliche Charme und die ganze Atmosphäre hier waren jeden Schritt und jedes Eselandrängeln wert. Ich suche mir einen Platz an der Sonne, bekomme Katzengesellschaft, und der Hofhund legt sich unterm Tisch auf meine Füße. Gut aufgepasst. Mich fröstelt. Ein kühler Wind weht durchs Paradies.

Abendbrot gibt's am Kamin. Nathalie hat in ihrer Küche wahre Wunder vollbracht. Zusammen mit zwei freundlichen Damen und einem kleinen Mädchen sitze ich am Tisch und muss von all meinen Eselerlebnissen berichten. Nach dem Essen bekommt die Kleine mein iPad und darf sich die Eselbilder anschauen. Es gibt Eis mit eingelegten Feigen, dazu einen tollen Rotwein, und während wir gemütlich am Kamin sitzen und ins knisternde Feuer schauen, bricht draußen die Hölle los. Es donnert und blitzt, der Regen trommelt mit unglaublicher Wucht aufs Dach, und ich bemühe mich, nicht an morgen zu denken. Mein armes Eselchen wird ganz nass. Zum Glück ist er nicht alleine in dieser Nacht.

CAMEMBERT
AU LAIT DE FERMES
45% mat.gr. sur extrait sec.
22% mat.gr. sur poids total
AFFINÉ DANS
FABRIQUE
COOPÉRATIVE ISIGNY SAINTE-MÈRE
Isigny Ste Mère
NOS
F.14230

Supermarkt

Ein erster Blick aus dem Fenster am Morgen, und vergnügt stelle ich fest, dass es gar nicht so schrecklich aussieht, wie nach dem Gewitter zu befürchten war. Zwar ist der Strom ausgefallen, und auch Sonne scheint für heute nicht im Angebot zu sein. Aber das belastet mich nicht. Es gibt Frühstück.

Bevor wir uns auf den Weg zum Mont Lozère machen, ermahnt mich Nathalie zu deutlich mehr Strenge. Narcisse muss arbeiten. Auch wenn wir gut und schnell vorankommen, soll ich mich unbedingt stärker durchsetzen. Fressen darf er auch nicht so viel. Der Esel ist zu dick. Ich sehe es ja ein. Nur, ihm das beizubiegen wird schwer. Sehr schwer.

Narcisse, patschnass vom Gewitter der letzten Nacht, wird nicht gestriegelt, sondern nur ganz vorsichtig gebürstet. Ich möchte vermeiden, dass sich unter der Satteldecke kleine Fellknötchen aus sich verfilzenden Haaren bilden, die dann drücken und reiben. Sorgfältig putze ich seine Hufe, verabschiede mich herzlich, und schon geht es los. Wehmütig schaut uns Nathalies alter Esel hinterher.

Wir laufen den Weg von gestern weiter und halten uns nach einem Kilometer an einer Gabelung links. Es ist, als würde Narcisse

Links: Narcisse frisst Butterblumen, ich halte mich lieber an Käse

wissen, wie blöd er sich gestern teilweise benommen hat. Jetzt schnurrt er den Waldweg mit seiner leichten Steigung lang … es ist die helle Freude. Der Weg ist ein Kinderspiel; schnell sind wir in Le Bleymard, biegen links ab, stoßen dabei zuerst auf die D 20, gelangen dann auf die D 901, halten uns rechts und stehen nach einigen Metern vor einem Supermarkt. Ich parke Narcisse zur Freude vieler Menschen und gehe einkaufen. Allerdings lasse ich ihn, nach den Erfahrungen in Langogne, nicht mehr unangeleint vor einem Geschäft.

Narcisse hat die ersten fünf Kilometer in weniger als einer Stunde bewältigt. Zum Dank kaufe ich ihm einige Möhren, gönne mir selbst was Süßes und fülle mit Bedacht die Vorräte auf. Zwei Dosengerichte, eine kleine Salami, Käse, Brot und Kekse, Äpfel, Bananen und eine Flasche Sprudel. Immer schaue ich nach Dingen, auf denen ein Esel abgebildet ist. Ein Suchkriterium, welches besonders im Käseregal gut funktioniert. Bei den Temperaturen bleibt selbst der Schmelzkäse fest.

Lauter schöne Dinge, für die sich mein lieber Narcisse umgehend interessiert. Nichts da, du alter Esel. Wir müssen uns das etwas einteilen. Für die nächsten zwei Tage wird dieser Supermarkt die letzte Einkaufsmöglichkeit gewesen sein. Alles meins! Ich ziehe seine neugierige Nase aus einer der Taschen. Eine ältere Frau beobachtet uns und schüttelt vorwurfsvoll den Kopf. Ich weiß schon, was jetzt wieder kommt: Nein, die Dame, es ist kein schwangeres Eselmädchen, es ist ein zu dicker Eselboy. Glauben Sie es ruhig. Wenn Sie mal da unten nachschauen wollen. Na, nun sagen Sie nüscht mehr. Niemals doch würde ich eine schwangere Eseldame mit meinem Gepäck beladen. Also los, mein Esel, lauf. Teilen wir uns die Möhre hier? Na, was frag ich. Wenn man aus dem Supermarkt rauskommt, biegt man gleich links ab und folgt der D 20 bis zu einer Gabelung von drei Straßen. Links weg in die Rue Principale (es ist die mittlere der drei Straßen) und einmal bergauf durchs Dorf.

Steine, Heide und Ginster prägen die Landschaft am Mont Lozère

Sagte ich nicht lauf? Schnell merke ich, dass die kleine Pause ein Fehler war, der den Rhythmus gestört hat. Wir gehen durch Bleymard, folgen dem Stevenson-Weg, nehmen eine erste, starke Steigung, und plötzlich geht die olle Trödelei von gestern wieder los. Schneller, lauf schneller! Verstehst du mich nicht? Träge schleicht der Esel durch die engen Gassen. Ich muss mehrfach tief durchatmen.

Warum ich es eilig habe, weiß ich selber nicht. Doch weil er bisher so toll gelaufen ist, will ich nicht meckern und überlasse ihm schlussendlich das Tempo. Der Esel hat gewonnen, ich trotte ihm hinterher. Diese langsame Latscherei macht mich müde. Du da vorne, sag mal, stört dich das nicht selber? Einzig die Ausblicke auf die Landschaft zwischen den Häusern hindurch sind unbeschreiblich schön. Berge in jede Richtung, weit der Blick und doch verstellt. Gestaffelt in Formen und Farben und eine geschwungene Gipfellinie als Horizont. Hey du, soll ich etwas schieben?

Aber jetzt mal ruhig, bis nach oben sind es nur noch gut sechs Kilometer, und es ist noch nicht einmal 11 Uhr. Ich ermahne mich zu mehr Gelassenheit und entschuldige mich bei Narcisse mit der Hälfte eines Apfels. Heute kann es mir doch echt egal sein, dass er bummelt. Soll er ruhig. Die Luft hier oben ist so toll, da gehört das Tiefdurchatmen fast schon mit dazu. Solange wir nicht von einer Weinbergschnecke überholt werden, kann es mir wurscht sein.

Fast ganz am Ende der Straße halten wir uns in Richtung Rathaus und Polizei, dann geht es ein paarmal rechts und links, und wir sind heraus aus Le Bleymard. Immer geradeaus führt der Weg hoch zum Col Santel, wo man vier Richtungen zur Auswahl hat. Nicht links, nicht rechts, sondern ein paar Schritte geradeaus, und an der Gabelung folgen wir dem rechten Weg.

Es dauert noch einmal fast eine Stunde, dann plötzlich läuft es wieder. Narcisse nimmt, wenn auch langsam, die stärksten Steigungen der bisherigen Tour, und am Ende, als das Wetter wirklich mistig wird, läuft er flott, hält nicht an, bis er nach fünf Stunden in seiner Koppel des Gîte Le Refuge steht. Hier hat er sogar einen trockenen, überdachten Bereich und feinstes Stroh. Fünf Stunden für diese Strecke ist ziemlich gut. Geradezu perfekt. Es schlägt 15 Uhr, und ich liege in der Wanne.

Das Hotel ist schick. Ich setze mich vor ein großes Fenster in die Lobby – Speisesaal und Cafébar in einem –, wo es schön hell und warm ist, und schreibe bei Espresso und Heidelbeerkuchen Tagebuch. Später, wenn ich wieder zu Hause bin, werde ich mit diesen Erinnerungen mein Eselbook füttern. Einen Internetblog, den meine Freunde Anja und Matthias extra für mich eingerichtet haben. Für den Moment bin ich angekommen. Alles ist perfekt, so wie es ist, und wie schon in Chasseradès stellt sich bei mir ein wohliges, vertrautes Gefühl ein. Gern bin ich hier, und morgen werde ich gern wieder unterwegs sein. Was habe ich nicht alles zusammen mit diesem Esel erlebt? Ob er es ähnlich empfindet?

Der Regen macht eine Pause. Ich hole Narcisse aus der Koppel und unternehme mit ihm einen kleinen Spaziergang. Einen Spaziergang ohne Führstrick und ohne Gepäck, und mir scheint, als würde mein Eselchen plötzlich Deutsch verstehen. Komm. Wir drehen eine kleine Runde, blicken auf zum höchsten Punkt der Reise, den wir morgen erreichen werden, besuchen im Hotel gegenüber einige Wanderer, und Narcisse schaut sich noch die Pferde an.

Granitfelsen und ein niedriger Nadelwald, eine für die Höhe typische Heidelandschaft sind für die Landschaft auf dem Mont Lozère typisch. Auf den Wiesen liegen große, rundliche Steine. Manchmal sieht es so aus, als hätte sie jemand aufeinandergestapelt, und auch wenn in einiger Entfernung der Blick auf den Horizont durch Berge versperrt ist, entsteht ein Gefühl von unendlicher Weite. Hier oben, wo es zahlreiche Torfmoore gibt, regnen die vom Mittelmeer kommenden Wolken oft heftig ab. Neben Allier und Tarn entspringen auch Lot und Luech diesen Bergen. Vier Flüsse, aus denen sich unter anderem Garonne und Rhône speisen.

Wir sind schon so hoch, und morgen geht es auf den 1699 Meter hohen Sommet de Finiels. Schau, da hoch müssen wir. Dorthin, wo der Sturm die Wolken mit Macht vor sich hertreibt. Wenn das Wetter nicht so mistig wär, würde ich jetzt mit dir im Wald zelten.

Zurück im Hotel hole ich mir einen großen Pott Tee und setze mich für ein Stündchen zu Narcisse in die Koppel. Ich weiß, dass er seine Herde vermisst und deshalb immer so herzerweichend ruft, wenn ich ihn allein in seiner Koppel zurücklasse. Jetzt steht er neben mir und sucht in meinen Händen nach Leckerlis, schiebt seinen Kopf vor meine Brust und legt sich am Ende neben mir ins Stroh. Ich beuge mich zu ihm hinunter, kuschle mich fest an ihn und leiste ihm bis zum Abendbrot Gesellschaft. Es gibt einen herrlich frischen Salat, Suppe, einen Hauptgang und als Dessert Eis. In einer Art Fressnarkose schleppe ich mich auf mein Zimmer, kontrolliere, dass die Heizung läuft und meine leichten Wanderschuhe trocknen.

Gipfelsturm

Morgens um 6:30 Uhr schaue ich aus dem Fenster und sehe die Pferde in ihrer Koppel auf der gegenüberliegenden Straßenseite nicht. Der Wind fegt einen feinen Dunst aus Nebel und Nieselregen über die Straße. Ich beschließe, mich lieber schnell auf den Weg zu machen. Punkt 7 Uhr ist Narcisse startklar, um 7:12 Uhr verlassen wir das Hotel.

Wir biegen nach rechts auf die Straße ein und erreichen kurz darauf den Wiesenweg, der neben der Kirche beginnt und auf dem wir bis ganz nach oben wandern werden, hinauf auf den Sommet de Finiels, den höchsten Berg der Tour. Mit Wucht treibt der Wind den feinen Wasserstaub über die Landschaft. Nässe und Kälte drücken mir auf die Stimmung. Aber Narcisse läuft und läuft … es ist unglaublich.

Nach etwas mehr als einer Stunde stehen wir unterhalb des Gipfels und sehen: nichts. Wie denn auch bei diesem Wetter. Es wird schlimmer. Die 20 Kilometer über den Sommet de Finiels bis nach Le Pont-de-Montvert sind eine echte Herausforderung. Vor einigen Tagen noch hätte ich sorgenvoll auf diese Strecke geblickt. Doch heute machen mir solche Dinge keine Angst mehr.

Links: Erinnerungsfoto unterhalb des Sommet de Finiels

Die Sichtweite beträgt keine 30 Meter. Ich versuche, auf jede Wegmarkierung zu achten. Ob Sie es glauben oder nicht, um 8:16 Uhr haben wir das Hochplateau unterhalb des Gipfels erreicht – hier entstand das Foto von Narcisse im Nebel. Die Welt um uns herum verschwindet im tosenden Sturm. Um 8:35 Uhr sind wir ganz oben auf dem Sommet de Finiels und eilen ohne Halt weiter. Fünf, sechs Meter vor mir verschwimmt alles im Dunst. Ich nehme den Esel nun doch lieber am Führstrick. Sturmböen peitschen uns den Regen um die Ohren, von der Landschaft ist nichts zu sehen. Wohin man auch blickt, besteht alles nur aus Nebel.

Der Abstieg gerät zum Kinderspiel; Narcisse wächst über sich hinaus. Instinktiv wähle ich die richtige Richtung. Wir nehmen, obwohl der Reiseveranstalter uns davon abgeraten hat, den direkten Weg, den Stevenson-Weg, und ich kann nur empfehlen, es uns gleichzutun. Der angeblich zu steile Abstieg ist in Wirklichkeit leicht zu wandern. Der schmale Pfad durch den Wald, auf den man gut 600 Meter unterhalb des Gipfels kommt, wird für uns zur Rennstrecke bis ins Tal.

In Rekordzeit verlassen wir den Berg. Die Wegmarken sind sehr gut zu sehen, nur auf der mit Granitblöcken übersäten Wiese direkt unterhalb des Gipfels, auf die man nach einer Rechtsabbiegung gelangt, muss man aufpassen, weil einige Löcher im Boden sind. Hier gehe ich vorweg und achte auf alle Gefahren für den Tritt. Dann geht es im Galopp hinunter, und keine halbe Stunde später sind wir auf dem breiten Waldweg. Es wird heller, und ich bin bester Dinge. Wir sind regelrecht nach unten gejoggt. Narcisse muss allerdings komplett neu beladen werden, weil das Gepäck bei dem Tempo verrutscht ist.

Der Rest der Tour ist eine Kleinigkeit. Finiels erreichen wir nach einer weiteren guten Stunde. Ich lasse den Grauen nun etwas trödeln, versuche aber trotzdem, die permanente Fresserei einzudämmen. Das gelingt leider nur mäßig. Narcisse ist eindeutig zu dick.

Narcisse in 1699 Meter Höhe auf dem Sommet de Finiels

Aber wir sind gut in der Zeit, und ich genieße die Landschaft. Der Himmel spendiert nun sogar ab und an ein blaues Loch mit etwas Sonnenschein. Bis 11 Uhr begegnen wir keinem anderen Menschen. Wir sind allein. Auch das genieße ich.

Finiels selbst muss man nicht unbedingt gesehen haben, doch in Anbetracht der Landschaft drumherum hat der Ort einen ganz eigenen Reiz, und der Rest des Weges bis nach Le Pont-de-Montvert hinunter ist der schönste Streckenabschnitt bisher. Die großen grauen Granitblöcke erinnern an eine Karstlandschaft, die in wundervollem Kontrast zu den sattgrünen Wiesen steht. Weich wirken die Rundungen der Berggipfel, und der Ginster betupft die Landschaft mit seinem Gelb. Es ist ein Spaziergang durch ein Naturparadies, das wir im Moment ganz für uns allein haben. Wobei der Ginster natürlich ein Problem ist. Das Zeug wächst überall und überwuchert ganze Wiesen. Doch im Moment sieht es einfach gut aus. Ganz so, als wollte das leuchtende Gelb des Ginsters die fehlenden Sonnenstrahlen ersetzen.

Nach anderthalb Stunden sehen wir unten im Tal Montvert. Jetzt wird der Abstieg wirklich anspruchsvoll. Narcisse zickt rum, wir kommen oft nur schrittweise voran. Mir ist aber klar, dass dieser Weg für den sonst so trittsicheren Esel schwierig ist und mancher Schritt echt Überwindung kostet. Langsam gehe ich voran, führe in die Richtung, die mir gangbar erscheint, und lasse ihn sein Tempo wählen. Er sucht sich seinen Weg. Bei Bedarf gehe ich mehrfach hin und her, zeige ihm, wie die schwierigsten Stellen zu nehmen sind, und rede beruhigend auf ihn ein. So nähern wir uns Schritt für Schritt und sind gegen 15 Uhr an unserem Ziel in der Auberge des Cévennes. Stevenson aß hier einst zu Mittag.

Die Auberge des Cévennes liegt malerisch am Fluss Tarn, sieht schon von außen so alt aus, wie sie tatsächlich ist, und verströmt innen den Charme längst vergangener Zeiten. Ein angenehmer Geruch nach Bistro und Parfum, nach alten Holzwänden, Fußböden und Bohnerwachs, nach der Küche und allen Zutaten der letzten 100 Jahre hängt im Haus. Mein Zimmer, die Nr. 2, ist klein und wirkt auf den ersten Blick sonderbar altmodisch. Das nennt man wohl Shabby Chic. In Ruhe sehe ich mich um, und vom Chic bleibt nur noch Shabby. Gott, ist die Tapete hässlich! Unweigerlich muss ich an Oscar Wilde denken, der im Pariser Hotel d'Alsace sterbend und im Fieberwahn zu seinem Freund Ross gesagt haben soll: „Entweder geht die scheußliche Tapete oder ich." Jede Wette, dass die Tapete immer noch hängt. Hier sieht es nicht viel anders aus.

Die Heizung entpuppt sich als kalt. So werden die nassen Sachen nicht trocknen. Bei genauerer Betrachtung wirkt das Zimmer im Detail lieblos und geflickschustert. Die Dusche ist sauber, doch Schimmelspray für die Fugen kann so teuer nicht sein, ein sich durchbiegendes, drei Millimeter dünnes Wandpaneel ist keine Fensterbank, auf der man etwas ablegen könnte, und selbst die Blümchenpolsterung des Bettes, die beim Betreten des Zimmers noch romantisch aussah, wirkt auf den zweiten Blick speckig und abstoßend. Leicht angeekelt und deutlich angefressen breite ich mein eigenes Laken über das Bett und beschließe, im Schlafsack zu übernachten. Besonders stört mich die nicht funktionierende Heizung. Von einem Hotel, das auf Wanderer spezialisiert ist, erwarte ich einfach mehr Aufmerksamkeit.

Unten im Restaurant setze ich mich neben die Heizung. Ich möchte etwas Tagebuch schreiben und die morgige Route durchgehen. Doch die Hoffnung auf Wärme wird auch hier enttäuscht. Peinlich. Ich bestelle einen Espresso und sehe zu, wie kalter Filterkaffee aus einer Kanne abgefüllt und anschließend in der Mikrowelle fix erwärmt wird – der Trick war mir neu. Das Internet ist leider nicht für Gäste, und sprachlos entsorge ich den Kaffee hinter mir im Blumenkübel.

Dann mache ich mich auf den Weg zurück über die hübsche Brücke, ziehe Geld am Automaten, schaue nach, wann das Büro du Tourisme wohl öffnen wird und setze mich nebenan in Dredi's Café. Hier ist der Espresso perfekt, freies WLAN gibt es auch. Neben vielen Touristen kommt nach und nach das halbe Dorf vorbei. Ich schreibe Postkarten und Tagebuch. Das Café mit dem Charme eines Späti ist echt prima, und nach einem Spaziergang und einer Eselrunde kehre ich wieder hierher zurück.

Um 19 Uhr gibt es dann Abendbrot in der Herberge. Die Tische sind wundervoll einfach und ländlich eingedeckt, jeder zweite Hotelgast fasst auf die Heizung und schüttelt den Kopf. Nein, die Heizung geht nicht. Dafür ist das Essen wieder mal ein Traum. Wirklich schade, dass die Unterkunft nicht annähernd das Niveau der Küche erreicht. Aber eins muss man doch mal sagen (vielleicht habe ich es früher nur nicht bemerkt): Die Franzosen sind irre nett geworden, und die schlechten Erfahrungen, die ich ab 1989 mehrfach machen musste, sind endgültig passé.

Brücke über den Fluss Tarn in Le Pont-de-Montvert

Narcisse bekommt einen Gutenachtkuss, Minuten später sitze ich im Bett und schaue auf die Postkartenkulisse, die sich mir vor meinem Fenster bietet. Le Pont-de-Montvert ist ein wirklich hübsches Örtchen. Die berühmte Brücke mit dem Uhrenturm, vor dem Esprit Séguier, Anführer der rebellierenden Protestanten, 1702 auf dem Scheiterhaufen hingerichtet wurde, glänzt im Schein der Lichter. Der feine Regen unterstreicht noch die romantische Abendstimmung. Tolle Aussicht.

Ein kleines Moped knattert über die Brücke, und ein Liebespaar mit Regenschirm spaziert darüber. Der Blick aus dem Bett ist an Romantik kaum zu überbieten. Da, jetzt kommt auch noch ein Esel. Wo der wohl hinwill?

Kaum vorstellbar, dass an einem so schönen Ort die Camisardenkriege begannen, bei denen sich die protestantische Landbevölkerung gegen die Unterdrückung ihres Glaubens auflehnte.

Ludwig XIV., Sonnenkönig von Gottes Gnaden, war einfach nur ein ganz schlimmer Despot und kümmerte sich einen Dreck um das Toleranzedikt von Nantes, in dem Heinrich IV. 1598 den calvinistischen Protestanten die freie Religionsausübung zuerkannt hatte. Mit immer neuen Anordnungen und Vorschriften überzogen die Beamten des Königs das Land. Bürokratie als Druckmittel ist eine alte Erfindung, und irgendwann brach die Hölle los. Die Folgen des mangelnden Anscheins innerbetrieblicher Demokratie waren schon immer verheerend (Volker Braun). 1685 wurde das Toleranzedikt widerrufen. Man zerstörte hugenottische Kirchen, schloss Schulen, verbot bei Strafe protestantische Gottesdienste. Ein Politikstil, der selten funktioniert, und weil gerade in den Cevennen viele Protestanten ihrem Glauben treu blieben (Hunderttausende waren zuvor ins Ausland, zumeist die Niederlande geflohen), setzte sich die staatliche Unterdrückungsmaschinerie in Gang. Der König schickte Soldaten, die von den Camisarden – benannt nach ihren weiten Hemden – immer wieder aus dem Hinterhalt angegriffen wurden. Sie brachten den königlichen Truppen empfindliche Niederlagen bei. Als letztes Mittel der sinnlosen Gewalt wurden die Cevennen auf Befehl des Königs 1704 regelrecht niedergebrannt; über 400 Dörfer wurden angezündet. Erst Ludwig XVI. gewährte 1787 im Edikt von Versailles den Protestanten wieder die Religionsfreiheit.

Ein Esel! Hatte ich da nicht gerade einen Esel auf der anderen Seite der Brücke in einer kleinen Gasse verschwinden sehen? Hellwach sitze ich im Bett und schaue nach draußen. Keine Spur von einem Esel zu entdecken. Ist auch egal, denke ich mir und schließe die Augen. Muss ein Traum gewesen sein.

Alles wird gut

Es ist ein nasser, kalter Morgen. Ich überlege, wo ich Narcisse wohl finden werde. Habe ich von dem Esel auf der Brücke nur geträumt? War es vielleicht ein anderer Esel? Gehe ich rechtsrum zur Brücke und suche gleich im Dorf oder schaue ich doch gegenüber in der Koppel nach? Allein den Kopf aus der Herberge zu stecken ist ein Akt der Überwindung. Es regnet und mir ist kalt. Doch kaum bin ich auf der Straße, höre ich ein freudiges, mir sehr vertrautes Schnaufen und Prusten, ein freudiges I-ah, und schon steht mein Eselchen neben mir. Er hat direkt vor dem Hotel gewartet. Sehr brav. Wie viele Blumenkästen hattest du?

Kann losgehen. Ich nehm den Grauen am Führstrick und binde ihn an einem Geländer an. Leckerli, Hufe, Gepäck aufladen, ein Kuss und noch ein Leckerli, Regenplane, dann noch einen kurzen Abstecher auf die andere Seite der Brücke. Bevor es losgeht, hätte ich gern einen richtigen Espresso, außerdem muss ich mir eine Flasche Wasser mitnehmen, weil es heute keine weitere Einkaufsmöglichkeit geben wird.

Die Voie Communale le Quai (D 998) ist die Shoppingpromenade von Le Pont-de-Montvert und Dredi's Café so etwas wie das

Links: Wir müssen umpacken und blockieren dabei den ganzen Weg

Kommunikationszentrum der Ortschaft. LKW-Fahrer, der Briefträger, Handwerker und ein Wanderer geben sich die Tür in die Hand. Nein, der Esel muss draußen bleiben. Es tut unheimlich gut, mit einem richtigen Kaffee in den kühlen Tag zu starten. Ich stecke Narcisse ein kleines Stückchen vom Croissant zu, und gemeinsam schlendern wir einige Türen weiter zum Gemischtwarenladen, wo es verschiedene Getränke und Snacks zu kaufen gibt. Narcisse baut sich direkt vor dem Geschäft auf und versperrt mir den Weg. Dann wackelt er mit den Ohren, guckt interessiert in den Laden, und keine Minute später öffnet ein freundlicher Herr die Tür und überreicht mir eine ganze Tüte mit alten Möhren und Äpfeln für den Esel. Wahnsinn. Der stellt sich hin, tut niedlich und schon gibt's Geschenke. Das muss ich auch probieren. Ich schiebe den Esel zur Seite, bedanke mich überschwänglich und suche mir neben einer Flasche Sprudel auch einen Tavel aus. 9 Euro 80 bitte. War ja klar, für mich ist nichts umsonst. Esel müsste man sein.

Nachdem die Einkäufe verstaut sind, geht es zurück über die Brücke in Richtung Auberge de Cévennes. Einmal kurz links und fast gegenüber der Herberge biegen wir rechts ab, erreichen nach wenigen Metern einen kleinen Durchgang, und schon folgt ein langer, schwieriger Aufstieg. Hätte mir klar sein müssen nach dem Abstieg von gestern. Es nieselt, und ich habe Schwierigkeiten, den Wegmarken zu folgen. Einzig die Aussicht auf das malerisch im Tal gelegene Le Pont-de-Montvert entschädigt für den beschwerlichen Weg. Narcisse, der es überhaupt nicht mag, wenn der Tag mit Kletterei anfängt, läuft gleichmäßig ohne Pausen vor mir her.

Ich bin ihm unheimlich dankbar für diese kontinuierliche Bewegung. Ich gehe etwas dichter an ihn heran und kratze ihn vorsichtig am Hintern. Zum Glück sieht keiner, wie wir hier den Berg hochlaufen. Vorn ein Esel und dahinter ein Mensch, der den Esel am Hintern kratzt. Nach ein paar Metern wechselt Narcisse die Seite, und ich verstehe sofort, was gemeint ist: Wanderstock in die Rechte und nun schön die linke Arschbacke kratzen. Halt mal kurz an, ich will dir einen Kuss zwischen die Ohren geben und an deiner Stirn schnuppern.

Nach etwa 500 Metern, am Ende einer längeren Geraden, findet sich auf einem großen Stein direkt vor mir eine Markierung. Hier teilt sich der Weg in drei Möglichkeiten. Möglichkeit eins wird nach wenigen Metern durch einen Steinhaufen versperrt; wir drehen im nassen Gestrüpp wieder um. Ich parke Narcisse auf der kleinen Kreuzung, bitte ihn, hier auf mich zu warten, und erkunde den kleinen Trampelpfad, der vom Stein aus nach rechts führt, erst mal allein. Entscheide nach 50 Metern, dass dieser Weg auf keinen Fall eseltauglich ist. Damit bleibt nur noch eine Möglichkeit. Zurück bei Narcisse krame ich die Karten heraus, worauf ich bei dem Regen gern verzichtet hätte, prüfe die Richtigkeit meiner Entscheidung, und weiter geht es bergauf. Le Pont-de-Montvert liegt jetzt zu unse-

Auf dem Steilstück hoch über Le Pont-de-Montvert

rer Linken, die D 20 in Laufrichtung vor uns. Meter für Meter kraxeln wir bergauf in Richtung Mijavols. Jeder Blick zurück auf die Ortschaft weit unter uns ist ein Fest. Wir sind umgeben von der gleichen schönen Landschaft, die wir schon gestern bewunderten – Narcisse mit dem Magen, ich mit den Augen. Trotz der grauen Wolken lässt der Ginster alles freundlich erscheinen. Wenn nur der Himmel ein Erbarmen hätte. Ich gehe ein paar Meter vor Narcisse und lasse ihn in Ruhe vor sich hintrödeln. Soll er ruhig sein eigenes Tempo gehen. Wir werden uns schon nicht verlieren. Mit seiner blauen Regenplane leuchtet mein Esel weithin sichtbar wie eine übergroße Kornblume. Der Himmel sollte sich an diesem Blau ein Beispiel nehmen. Wie hübsch er doch aussieht! Nach anfänglichen Startschwierigkeiten marschiert Narcisse, ohne Unterlass fressend, stetig bergauf. Wenn der Typ Appetit auf Ginster hätte, dann wäre hier nächstes Jahr nur Gestein übrig.

Rechts von uns schaut ein altes Dach aus der Wiese, gut versteckt, als hätte jemand das ganze Haus eingegraben. Unser Weg verschwindet im Nirgendwo. Sträucher und Unkraut haben alles überwuchert. Bevor ich lange nach einer Wegmarke suche, laufen wir einfach geradeaus weiter. Nach ziemlich genau drei Kilometern kommen wir an eine Weggabelung, wo in beide Richtungen Florac angezeigt wird. Wir halten uns links, gehen durch das Tor einer Koppel (es ist kaputt und steht offen) und folgen ab jetzt dem GR 72 in Richtung Cassagnas.

Nach kurzer Zeit gelangen wir in einen Märchenwald aus Buchen und hohen Farnen, wo wir an einem Bach eine kleine Pause einlegen. Vor so viel Schönheit hat selbst der Himmel ein Einsehen und spendiert für wenige Minuten Trockenheit und Sonnenschein. Dann geht es abwärts bis zur D 20 und nach links über eine kleine Steinbrücke. Für ein paar Meter bleiben wir auf der Straße, biegen kurz vor einer engen Linkskurve nach rechts in einen bergauf führenden Waldweg ein und erreichen nach fünf Kilometern das

Gehöft Champlong-de-Bougès, wo Narcisse eine Pause einlegt und sich nicht mehr rührt.

Was für eine gute Idee! Wir sind seit mehr als einer Stunde bergauf gelatscht, und am liebsten würde ich mich hinlegen. Komm her, da drüben unter den Bäumen sieht es mir nach einem gemütlichen Plätzchen aus, und außerdem plätschert da Wasser. Doch mein Esel rührt sich nicht. Keinen Schritt weiter, sagt mir sein erhobener Kopf. Mir bleibt nichts weiter übrig, als ihn hier an Ort und Stelle, mitten auf dem Weg, abzupacken. Ich trage die Gepäcktaschen und das Tragegestell an die Seite, pflücke ein paar Butterblumen und winke Narcisse damit zu. Kein Interesse. Mein Esel steht auf dem Weg und schaut ins Leere. Ein Tagtraum scheint über ihn gekommen zu sein. Allein die Ohren führen ein hübsches Tänzchen auf. Rechts hoch, links runter, dann beide nach hinten, kurz nach vorn. Für einen Moment klappt er die Lauscher in die Horizontale, dann wieder nach hinten. Selbst die Möhre in meiner Hand scheint ihn nicht zu reizen. Was hörst du da, Narcisse? Da ist nichts. Ich gehe zu ihm, beiße selber ein Stück von der Möhre ab, schiebe ihm den Rest ins Maul und schnappe mir eins seiner Ohren. Wie weich und flauschig die sind. Schwer ruht sein Kopf auf meiner Schulter – kratz mir den Hals –, und dann stecke ich mein linkes Ohr in sein linkes Ohr, bin ganz leise, halte den Atem an und konzentriere mich auf alle Geräusche der Umgebung. Stundenlang könnte ich so dastehen und lauschen. Es mag ja Einbildung sein, aber ich höre plötzlich Geräusche, die vorher nicht vernehmbar waren. Von irgendwoher trägt der Wind Gesang herbei. Jetzt begreife ich, warum der Eselmotor stockt. Komm mit da rüber, mein Kaffeewasser kocht, und ich spendier 'ne Runde Wiesenbussis. Warten wir auf den wandernden Gesangsverein.

Die häufige Trödelei, die vielen kleinen Pausen in den Ortschaften und die Verzögerungstaktiken sind im Grunde genommen völlig unnötig. Weder hat mein Esel schwer zu tragen, noch sind die Strecken zu lang. Es ist mehr ein mentales Problem, und da gibt es zum Glück Abhilfe. Das Hauptproblem auf unserer Reise ist nämlich die geringe Gruppengröße. Narcisse möchte gern mit vielen anderen unterwegs sein. So ist er es gewohnt, so kennt er es, und inzwischen nutze ich das schamlos aus, indem ich vor längeren Steigungen eine kleine Pause einlege und warte, bis die nächste Gruppe kommt. Heute ist es ein wandernder Gesangsverein. Meinetwegen auch ein singender Wanderverein. Haben die uns erst einmal erreicht, ist der Rest ein Kinderspiel.

Da ich in Sachen Kontaktaufnahme immer etwas vorsichtig bin, überlasse ich Narcisse diesen Teil. Esel haben etwas sehr Verbindendes. Nach wenigen Minuten sind der Graue und ich umringt von fremden Leuten. Kein frisches Brot füttern. Nein, auch keine Croissants. Wenn Sie den Apfel selber essen … schnapp … zu spät. Vorsicht mit der Banane! Die mag er auch. Auf die üblichen Fotowünsche mit meinem Esel folgen Tipps, wie man einen Esel antreibt. Danke sehr, wir warten nur auf Sie, nun machen Sie mal hin, denke ich mir still, belade fix den Esel, und kaum setzt sich der ganze Haufen in Bewegung, läuft mein Narcisse brav hinterher. Gelernt ist gelernt, und heute passt alles zusammen.

Gemeinsam mit der Gruppe laufen wir geradeaus weiter. Rechts geht ein Weg ab, von links kommen zwei Wege hinzu. Die Richtung stimmt, Narcisse schaltet einen Gang höher. Ohne Rücksicht auf Verluste drängelt er sich vor. Schiebt mit seinen ausladenden Tragetaschen jeden zur Seite, der nicht freiwillig das Feld räumt. Der Esel hat Führungsqualitäten. Zwei ältere Herrschaften purzeln ins Gras, und ich muss mich mal wieder für meinen Esel entschuldigen. Narcisse rollt das Feld von hinten auf. Dann entdeckt er eine Stelle mit Butterblümchen. Er stockt. Er läuft. Überlegt und schert links aus. Magen geht vor.

Mit Freuden lasse ich ihn jetzt bummeln. Über seiner Fresserei hat er das Tempo aus dem Blick verloren – keine fünf Minuten spä-

Narcisse startet durch und schiebt alle beiseite

ter sind wir wieder für uns und laufen gemütlich und still, Seite an Seite über ein ausgedehntes Hochplateau. Danke, ich glaub', die wollten grad wieder anfangen zu singen. Himmlisch diese Ruhe.

Als der Weg an einem Abhang entlang verläuft, bietet sich uns ein unglaubliches Schauspiel dar. Einige tief hängende Wolken ziehen etwas unter uns zwischen den Bergen dahin, und es ist, als könnte man in die Watteschicht hineingreifen. Ich halte mein langes Stöckchen über den Abhang und rühre damit wie in Zuckerwatte. Ein Windstoß treibt plötzlich ein Wölkchen direkt auf uns zu. Für Sekunden verschwinden wir beide zusammen mit der ganzen Landschaft um uns herum im Nebel. Narcisse hat die Ohren angelegt; ich sehe, dass er in die Hocke gegangen ist. Ich könnt' ihn knuddeln. Mich stören weder Regen noch Wind. Wahrlich frohgemut durchwandern wir ein kleines Tal, bevor ein wirklich langer und schwieriger Anstieg seinen Anfang nimmt.

Sollte ich rückblickend einschätzen müssen, welche dieser Klettertouren die längste war, dann ist es wohl die heutige gewesen. Zugleich ist es aber auch die wohl schönste Strecke, und nur dieser Eindruck zählt. Nachdem die letzte Wandergruppe außer Sichtweite ist, schlendern mein Esel und ich ohne jede Hast bis nach Mijavols, wo wir im Gîte d'Etape übernachten sollen.

Gîte? Das Schild vor dem ersten Haus kann nur ein Irrtum sein. Sicher ist es etwas weiter in Richtung Dorf! Es dauert eine Weile, bis ich begreife. Das soll die Unterkunft sein? Der Anblick ist erbärmlich. Voller Verzweiflung sehe ich mich Hilfe suchend um. Das kann doch nur ein Fehler sein. Ich stehe vor einem mit Folie und Autoreifen abgedeckten Dach. Auch das Haus nebenan sieht nicht bewohnt aus. Wo bin ich hier nur hingeraten? Kein Mensch weit und breit, die Türe zu und in der Garageneinfahrt nebenan Müll und Bauschutt. Zusammen mit dem Regen, dem hungrigen Gefühl im Magen und der schieren Ausweglosigkeit der ganzen Situation wirkt das alles wie eine real gewordene Dystopie. Wo soll ich jetzt nur hin? Weiterlaufen?

Mir wird hundeelend, und noch einmal schaue ich mir die Garageneinfahrt an. Überlege, ob ich einen Teil des Drecks so zur Seite räumen kann, dass Platz für mein Zelt ist. Kein Chance. Staub und Vogelmist bedecken den Boden mitsamt allem, was rumliegt. Nein, hier möchte ich nicht bleiben. Allein Narcisse scheint angekommen zu sein. Erst jetzt bemerke ich die Koppel, vor der er steht. Würde es nicht in Strömen regnen, wäre das alles kein Problem. Zusammen mit meinem Esel würde ich hier zelten. Nichts lieber als das. Aber so, wie das aussieht und sich anfühlt, geht es nicht.

Kurz entschlossen gehe ich bis in den Ort, sehe auch dort nicht einen Menschen und nehme keinerlei Anzeichen von Zivilisation wahr. Kein Schornstein raucht, kein Hund bellt. Telefon und iPad haben keinen Empfang. Was für eine gottverlassene Gegend. Missmutig laufe ich zurück zu Narcisse, und genau in dem Moment, als wir beide uns davonmachen wollen, kommt ein junger Wanderer daher, der nicht so leicht aufgibt wie ich. Er drückt mit mehr Energie auf die Türklinke – und schon geht sie auf, die Tür.

Wir haben ein Dach über dem Kopf! Zehn Minuten später brennt Feuer im Kamin. Wir teilen unser Essen, kochen Kaffee und entdecken auf dem großen Tisch einen Zettel mit dem Hinweis auf das Abendbrot: um 20 Uhr im Dorf bei Madame Chaptal. Unglaublich, da wohnen also doch Leute! Zusammen mit Armand, so heißt der junge Mann, durchsuche ich das Haus, und zu unserer Überraschung finden wir in der ersten Etage saubere Toiletten und Duschen. Es gibt eine komplett eingerichtete Küche, und an einer Wand hängt ein großer elektrischer Heizkörper zum Trocknen nasser Sachen. Hier hat jemand an die wirklich wichtigen Dinge gedacht. Alles da, was man tatsächlich braucht. Das Feuer im Kamin knackt und knistert ganz wunderbar.

Nach und nach treffen acht weitere, völlig durchnässte Wanderer ein – und dieses unglaubliche Haus bietet uns allen eine Unterkunft. Der eine hat Kekse, die andere Äpfel, ich spendiere Espresso. Während sich draußen die Dunkelheit über diesen Ort legt, herrschen hier drinnen Freude und gute Laune. Gemeinsam mit den anderen bespreche ich die möglichen Routen für morgen, denn der Weg über Florac ist nicht zu schaffen. Jeder hat einen Tipp, eine Idee für mich. Der eine möchte Narcisse mit ins Haus holen und kommt mit einer Katze wieder, andere duschen oder hantieren in der Küche herum. Ich habe mir das Bett im Erdgeschoss reserviert und strecke mich für ein Stündchen aus.

Kurz vor 20 Uhr schließe ich mich der Gruppe an, die zum Abendbrot ins Dorf läuft. Hinter allen Fenstern brennt Licht, Rauch steigt aus den Schornsteinen und massenhaft kleine Katzen laufen umher. Wo war all dieses Leben, als ich heute Mittag ankam?

Wir werden von einer liebenswerten Frau begrüßt, und schon finde ich mich in einem Wohnzimmer an einem langen Tisch wie-

Seit Stevensons Zeiten hat sich die Landschaft der Cevennen kaum verändert

der. Der Fernseher läuft, auf einem Bügelbrett türmen sich Wäschestapel, und ich weiß gar nicht, was ich zuerst anschauen soll. An den Wänden ein Leben in Bildern und ich mittendrin, im Wohnzimmer von Martine und Fabien Chaptal. Es gibt Pastis, Brot, Schinken und Salat. Alles kommt aus eigener Produktion, weil man weit und breit nichts kaufen kann. Der Hauptgang, Walnusswürstchen mit den typischen grünen Linsen der Region, ist sensationell. Rotwein, Ziegenkäse und Kuchen zum Nachtisch. Gegen 21 Uhr kommt der Bauer von draußen rein, lacht und reibt sich mit seinen großen, schweren Händen das Kinn. Freundlich guckt er in die Runde, begrüßt jeden von uns mit einem persönlichen Blick und einem Kopfnicken. Dann schiebt er sich einen der Sessel in die Nähe des Tischs, und während ihm seine Frau die Schüssel mit den Salatresten holt, fischt er unterm Sofa ein Kätzchen hervor und setzt es sich auf die Knie.

Wie würde ich reagieren, wenn zum Feierabend neun wildfremde Leute in meiner Wohnung säßen und Abendbrot essen würden? Könnte ich so gelassen sein? Die Stimmen werden lauter, ein jeder beginnt etwas zu erzählen, was mein Nachbar so weit wie möglich für mich ins Englische übersetzt. Bevor wir zurück zum Gîte gehen, bekomme ich noch eine große Schale mit Eselfutter, worüber sich Narcisse sichtlich freut. Ich bin unendlich dankbar für diesen Abend; kein Hotel könnte mir so eine Erfahrung bieten.

Kurz darauf liege ich in meinem Schlafsack, schaue in die Glut, bis mir die Augen zufallen, und werde erst am frühen Morgen durch ein klägliches Miau geweckt. Wir haben wieder ein Kätzchen zu Besuch. Ich entfache das Feuer im Kamin neu, damit die anderen es nachher warm haben, koche mir Tee und schneide Käsewürfel für die Miez. Währenddessen legt sich der Sturm und die graue Wolkendecke bekommt bläuliche Löcher. Was für ein schöner Morgen! Vielleicht sollte ich noch ein bisschen warten? Narcisse steht versteckt unter einem Busch, und hier drin ist es so gemütlich und warm! Ich setze mich direkt vors Feuer und nicke noch einmal ein.

Picknick desaströs

Als ich wieder aufwache, ist Armand schon aufgestanden und entpuppt sich als großer Katzenfreund – das Katzentier selber allerdings mehr so als Raufbold. Doch das soll meine Sorge nicht sein. Schnell ist das Feuer wieder entfacht und der Duft von Kaffee zieht durchs Haus.

Ich bemuttere meinen Narcisse und prüfe sorgenvoll seine Hufe, die sich im Verlauf unserer Tour deutlich abgelaufen haben. Es ist noch alles okay, aber ich entscheide mich doch lieber für die kürzere Strecke und nehme ihm noch etwas Gewicht ab. Nach einer herzlichen Verabschiedung geht es sofort los in Richtung Cassagnas. Der Graue läuft ohne jedes Kommando, ohne Führstrick und Stöckchen neben mir her. Wenn das so weitergeht, werden wir die 25 Kilometer bis Cassagnas in Rekordzeit absolvieren.

Gemeinsam schlendern wir dahin und folgen diesmal nicht den Anweisungen der Routenbeschreibung, sondern gehen kurz hinter dem Dorfeingang auf die Straße, die in einer Haarnadelkurve rechts abbiegt und uns somit unterhalb des Gîte fast zurücklaufen lässt. Ein Herr bestätigt die Richtigkeit des gewählten Weges. Wir laufen auf einer kleinen, alten Straße ins Tal, und ich kann diese Route nur

Links: Die Kunst des Fresslaufens beherrscht Narcisse in Perfektion

empfehlen. Niemand außer uns ist auf der Straße unterwegs, keinem Auto müssen wir ausweichen. Alles, was in den letzten Tagen noch im Kopf hin- und herbewegt wurde, was ich immer wieder neu durchdachte und mitschleppte, ist wohl irgendwo da oben in den Bergen geblieben. Jetzt läuft es sich ungemein fröhlich und beschwingt. Der Eselkopf neben mir pendelt leicht hin und her, ganz so, als wolle er zustimmend nicken.

Ich überlege kurz, ob es ein gutes Zeichen ist, dass der Kopf nach zehn Tagen Wanderung leer ist. Endlich leer. Gab es nicht mehr, was bedenkenswert erschien? Ist das alles? Sollte es da nicht mehr geben? Umsäumt von Wiesen und Wäldern, die zugleich etwas Schutz vor dem Nieselregen bieten, laufen wir zügig bergab, im Tal rauscht ein kleiner Bach, die Kastanienwälder zeigen das schönste Grün.

Castanea sativa, die Ess- oder Edelkastanie, wächst zwar in ganz Südfrankreich, doch hier in den Cevennen wurden die Kastanien seit dem Mittelalter in besonders großem Maßstab angepflanzt. Die häufig anzutreffende Bezeichnung Brotbaum verdeutlicht ihre regionale Bedeutung. Die Nussfrüchte enthalten viel Stärke und sind damit sehr nahrhaft – erfreulich für Mensch und Tier. Gekocht, gegrillt oder roh, gar eingelegt und auch zu Mehl vermahlen, als Brotaufstrich und Marmelade. Die Blätter für das liebe Vieh, und aus dem Holz der Bäume konnte alles hergestellt werden, was irgendwie notwendig war. Allein die geringe Anbaufläche an den Berghängen war für jede Art von Landwirtschaft ein Problem, deshalb finden sich bis heute die typischen, von kleinen Steinmauern gesäumten Terrassenfelder. Mir gefällt das leuchtende Grün der gezackten Blätter. Wer schon einmal eine so richtig alte Kastanie gesehen hat, wird wissen, wie groß die Bäume werden können und wie ehrwürdig sie erscheinen.

Das Wetter wird besser und besser, der Nieselregen setzt für immer länger werdende Phasen aus. Wir kommen unglaublich schnell voran. Der Graue frisst zwar unentwegt, doch er ist wieder zur Technik des Fresslaufens übergegangen und bleibt nur selten stehen. Wenn er zu fett ist, dann soll Marie ihn auf Diät setzen. Ich bring das nicht übers Herz. Noch einmal kontrolliere ich seine Hufe und überlege, ob die restliche Strecke zum Problem werden könnte. Im Moment jedoch ist alles in Ordnung, und Narcisse läuft prima. Schnell sind wir in Saint-Julien-d'Arpaon, treffen einen liebenswerten Herrn, der die Gelegenheit nutzt, um sein eingerostetes Deutsch auszuprobieren, und spazieren durch die alte Burgruine.

Das Örtchen, ein kleiner Weiler, liegt oberhalb des Stevenson-Weges und wird, im Gegensatz zur gut sichtbaren Burgruine, leicht übersehen. Doch weil wir schnell sind und es nicht weit haben, entschließe ich mich zu dem kleinen Umweg. An diesem Punkt der Wanderung stoßen wir wieder auf den markierten Stevenson-Weg – Mijavols, unser letztes Ziel, lag ja etwas abseits von der üblichen Route. Wir laufen auf der alten Eisenbahntrasse weiter, die bis in die 1970er-Jahre hinein genutzt wurde. Landschaftlich die volle Ladung Romantik. Sattes Grün, alte Eisenbahntunnel, kleine Wasserfälle, und rechts unter uns schlängelt sich kristallklar die Mimente, mal bläulich, mal grünlich leuchtend, durch ihr malerisches Flussbett. Das eisige Wasser brennt auf der Haut; es kostet mich echte Überwindung, wenigstens einmal kurz unterzutauchen. Darauf verzichten mochte ich nicht – dieses wunderbare Kribbeln danach hat etwas von der Leichtigkeit der letzten Tage. Die Schönheit der Etappe ist Belohnung für die Strapazen zu Anfang der Reise.

Erst jetzt, nach mehr als fünf Stunden, treffen wir auf andere Wanderer. Ist das Modestine? Sind Sie der Stevenson? Die Freude, einen Mann mit Esel zu treffen, ist unüberhörbar.

Ich genieße die Komplimente, die man mir und meinem Esel macht. Schließlich beginnt die Saison der Eselwanderungen erst in gut einem Monat, und bis dahin bin ich angeblich der einzige Stevenson, den die Leute hier zu sehen bekommen haben. Ein jeder wünscht sich Fotos und streichelt den Esel. Oft gehen die Leute gemeinsam mit uns ein Stück, doch meist nur so lange, bis der Esel zu trödeln anfängt und wir beide nach und nach immer weiter zurückbleiben. So langsam will auf Dauer niemand wandern.

Nicht so am heutigen Tag. Narcisse bestimmt das Tempo, und ich habe alle Not, um mit ihm Schritt zu halten. Was ist nur in ihn gefahren? Hey, mein Freund, dies soll eine Wanderung sein, ein gemeinsamer Spaziergang. Von Dauerlauf war nicht die Rede. Schneller als wir ist niemand. Eine kurze Zwischenrechnung bestätigt uns locker 7 km/h.

Nur eine Sekunde später wechselt Narcisse ohne jede Vorwarnung in einen flotten Galopp, spurtet über eine kleine Wiese auf eine Gruppe von drei Wanderern zu, die auf Baumstämmen sitzend beim Picknick sind, und lässt mich alleine auf dem Waldweg stehen. Gut, denke ich mir, er wird wohl nachschauen wollen, was die Herrschaften auf ihren Broten haben. Bitte kein frisches Brot! Geben Sie ihm lieber einen Apfel, rufe ich den Leuten zu, und versuche gar nicht erst, den Esel einzuholen. Freudig wird Narcisse begrüßt; es sieht so aus, als hätten sie ihn längst erwartet. Vielleicht schmeichelt es auch ein wenig, wenn ein Esel angetrabt kommt und Interesse bekundet. Der Kumpel von einem Esel zu sein, das hat was.

Doch Vorsicht bei der Interpretation eselischer Ausdrucksformen, denn aus Freude wird leicht Entsetzen. Was nun passiert, hätte ich mir im Traum nicht vorstellen können. Narcisse läuft mitten hinein ins Zentrum des Picknicks, stellt sich breitbeinig hin, entspannt sich – und lässt es laufen. Er pisst und pisst und pisst. Entsetzt springen die Wanderer auf und suchen sich neue Plätze.

Ich möchte im Boden versinken und renne, um ihn von dort wegzuholen. Allein, es ist zu spät. Es spritzt und plattert nach allen Seiten. Hast du sie noch alle? Schämst du dich überhaupt nicht? Was soll denn das? Ich entschuldige mich umständlich bei den Leuten, die jeden Grund haben, sich angepisst zu fühlen, und schleife meinen Esel zurück auf den Weg.

Auf der alten Bahnstrecke zwischen St.-Julien-d'Arpaon und Cassagnas

Mein Gott, was war denn das für eine Aktion? Wie kommt ein Tier auf so eine verrückte Idee? Eilig ziehen wir weiter, und es dauert etliche Minuten, bis ich wieder an etwas anderes denken kann. Zumindest scheint sich Narcisse durch Einsatzbereitschaft entschuldigen zu wollen.

Er läuft neben mir her und drückt manchmal seinen Kopf gegen meinen Arm. Ist alles gut mit dir? Leicht pendelt sein Kopf im Rhythmus der Schritte hin und her. Jetzt legt der Graue noch einen Zahn zu. Wir schaffen gute sechs Kilometer in einer Stunde und sind vor 12 Uhr im Espace Stevenson, der nächsten Unterkunft, die etwa drei Kilometer unterhalb von Cassagnas liegt.

Für Narcisse ist hier das Ende der Reise, aber das sage ich ihm noch nicht. Seine Hufe sind runter, und es wäre unverantwortlich, ihn noch weiter laufen zu lassen – diesen Entschluss habe ich während der letzten Stunden gefasst. Ich höre lieber auf, so lange er sich noch wohlfühlt. Ein unachtsamer Schritt, ein scharfkantiges Steinchen: Die Gefahr, dass er Schmerzen bekommen oder sich verletzen könnte, wird mir zu groß. Den Gedanken könnte ich nur schwer ertragen.

Damit entfällt die letzte Etappe; Marie kann uns genauso gut hier in Cassagnas abholen. Ich kenne Saint-Jean-du-Gard, den eigentlichen Zielort, schon von früheren Reisen, habe also nicht das Gefühl, etwas verpasst oder mein Ziel nicht erreicht zu haben. Stattdessen freue ich mich auf einen faulen Tag ohne Ziel. Ich werde bei meinem Narcisse sein, an meinem Tagebuch schreiben, schlafen und viel essen … so der Plan.

Die Eselkoppel ist wunderbar, der kleine Hotelwuffi freut sich über den großen Freund, und ich nehme, da das Zimmer noch nicht fertig ist, Platz vor der Bar, wo eine junge Dame sich um die Gäste kümmert. Leider spricht sie nicht ein Wort Englisch, Internet für Gäste gibt es nicht, das Telefon hier unten im Tal ist nichts weiter als ein Fotoapparat, und als nach über einer halben Stunde das Zimmer bezugsfertig ist, sind auch hier die Heizkörper kalt.

Ich dusche, sehe mich morgen schon wieder in feuchten Schuhen und Klamotten, fange an mich zu ärgern und entdecke zu allem Überfluss den gelben Dreckrand am unteren Ende des Duschvorhangs. Mein Gott, dies hier ist keine einfache Hütte in den Bergen, die nichts weiter leisten soll, als den Wanderer vor den Unbilden der Natur zu schützen, dies ist ein Hotel!

In der Hoffnung auf etwas Wärme und Verbindung in die Außenwelt laufe ich die vier Kilometer nach Cassagnas hinein, wo man, bei Lichte betrachtet, auch nicht tot überm Zaun hängen möchte. Nun bin ich komplett deprimiert. Gott, ist das traurig hier. Wozu dieses Nest eine öffentliche Toilette hat, wird mir ein ewiges Rätsel bleiben; immerhin, es gibt eine Post. Ein Café, eine Bäckerei – alles geschlossen. Irgendetwas, was die Sinne froh stimmt und für Frieden sorgt, ist nicht zu finden.

Schon bin ich wieder auf dem Rückweg, als mich ein Mann über seinen Zaun hinweg anspricht und fragt, ob er mir helfen könne. Sehe ich wirklich derart verzweifelt aus? Er freut sich, mich zu sehen, schaltet sofort auf Englisch um, seine Frau öffnet die Tür, und schon sitze ich bei einer Tasse Tee in der guten Stube. Ich habe Internet für die nötigen E-Mails bezüglich des Rücktransportes aus Cassagnas und kann Marie über den Zustand des Esels informieren. Schon wird mir wieder wärmer ums Gemüt. Sie sind nett, die Franzosen.

Zurück im Hotel stelle ich beglückt fest, dass einer der beiden Zimmergenossen einen alten Ölradiator und einen Kleiderständer aufgetrieben hat. Dafür meinen Dank. Grauenhaft dagegen ist der Anblick des anderen Herrn, der im Bett liegend seine entsetzlich wund gelaufenen Füße hoch lagert und dazu gar schrecklich stöhnt. Und dann hat er auch noch seine Socken auf dem Wäscheständer ausgebreitet. Himmel, so wie das aussieht, sollte man einen Rettungshubschrauber rufen.

Aber immerhin ist das Zimmer jetzt warm, und weil es bis zum Abendbrot noch etwas Zeit ist, lege ich mich für ein Stündchen hin, bis ein kräftiges I-ah mich weckt. Vor Narcisses' Koppel stehen gut zehn Leute, die ihn freudig streicheln, was mich daran erinnert, dass er heute noch gar nicht gestriegelt wurde.

Schnell flitze ich hinunter, ermahne alle Wanderer, dem Esel bitte keine frischen Backwaren zu geben, und hole die Fellpflege sofort nach. Der Gute lässt sich die Wellnessbehandlung sichtlich gefallen, hält mir bereitwillig die abgelaufenen Hufe hin, und ich überlege, ob er den Rest der Tour nicht doch noch ohne Probleme geschafft hätte. Es wären nur noch 35 Kilometer, der Weg ist weich, und größere Anstrengungen sind nicht mehr zu erwarten.

Aber nein, ich will kein Risiko eingehen. Hier und heute ist unwiderruflich Schluss. Der Esel war mir ein treuer und lieber Begleiter, und meine Reise wird so ein besseres Ende nehmen, als wenn ich mich später ständig fragen müsste, ob ich dem Tier zu viel

Ungleiche Freunde: Narcisse und der Hotelwuffi vom Espace Stevenson

zugemutet, ihn gar gequält habe. So ist es auch gut. Nein, wir werden heute und morgen schön faulenzen, und danach geht es für uns im Auto und Hänger zurück nach Le Plagnal. Da kann er sich von der Reise erholen. Und ich muss mich verabschieden.

Über all diesen Gedanken ist mein Ärger verflogen. Ich setze mich wieder runter vor die Bar, wo es einen kleinen Tisch mit Ausblick auf meinen Esel gibt. Der Espresso ist, wie schon auf der ganzen Reise, eher lausig und verdient den Namen wirklich nicht. Aber als Kaffee ist er einigermaßen genießbar.

Ich kaufe neue Postkarten und Briefmarken, entdecke im Nacken der jungen Dame, die kein Englisch kann, die Tätowierung „Love is a Battlefield", bestelle mir eine Cola und bin zu meiner eigenen Verwunderung auf einen Schlag mit allem versöhnt.

Wie im Flug vergeht die Zeit bis zum Abendbrot. Ständig kommen Wanderer an meinen Tisch und fragen nach meiner E-Mail-

Adresse, damit sie mir die Bilder schicken können, die sie während der letzten Tage von Narcisse und mir aufgenommen haben. Und während der Esel draußen friedlich sein Stroh kaut, teilen wir über alle Sprachbarrieren hinweg unsere Reiseerinnerungen. Der Tag, der mit Sturm und Regen begann, endet in den freundlichsten Farben.

Das Abendbrot, ein überreichliches Buffet mit zahlreichen lokalen Spezialitäten, ist fantastisch. Die große Wandergruppe spendiert mir einen Rotwein, und mein iPad mit den vielen Eselbildern macht mehrfach die Runde. Annabel, die Chefin des Hauses, stellt mir ihren eigenen Computer hin. Während ich an der Bar sitze und noch einen Pernod trinke, ertönt aus dem Speiseraum Gesang. Die große Reisegruppe stimmt ein Volkslied nach dem anderen an, dann tragen einzelne Mitglieder Gedichte und Geschichten vor. Es wird reichlich gelacht. Unterhaltung, die selbst aus der Position des Betrachters Freude macht. Ich verstehe zwar fast nichts, fühle mich aber trotzdem inspiriert und reicher als zuvor.

Um 21 Uhr gehe ich nach oben und schleiche wie ein Indianer im Dunkeln bis zu meinem Bett. Kein Geräusch will ich machen; mehr schwebe ich, als dass ich laufe. Doch die wund gelaufenen, hoch gelagerten Füße bieten mir sofort an, das Licht einzuschalten. Nein! Nicht doch, alles gut. Nicht nötig. Nein! Ich kann das so. Bitte kein Licht und gute Nacht. Über dem Abendbrot hatte ich das Bild der Füße ganz gut verdrängen können. Ich drehe mich nach links und schaue auf das leuchtende Ziffernblatt meines Weckers. Zack, da fliegt die Tür auf, das Licht geht an. Der Kompagnon der wunden Füße kommt hereingepoltert und berichtet lautstark von seinen Erlebnissen beim Abendbrot. Mir stockt der Atem. Vor mir, direkt in Augenhöhe und zum Greifen nah, die Fußsohlen, von denen sich großflächig die Haut abgelöst hat. In Gedanken füge ich der nächsten Urlaubspackliste eine Packung Schlaftabletten und eine Schlafbrille hinzu. Eigentlich liege ich beim Schlafen immer auf der linken Seite, aber heute muss es auch mal rechts gehen.

Den Esel richtig packen

Wer mit einem Packesel unterwegs ist, der sollte einige den Esel betreffende Dinge wissen und diese immer im Blick behalten. Schließlich hängt von der Aufmerksamkeit des Menschen die Gesundheit und das Wohlergehen des Tieres ab.

Es ist sicherzustellen, dass ein Esel nur dann eingesetzt wird, wenn mit den Hufen und dem Fell wirklich alles in Ordnung ist. Und auch als Esel-Laie sollte man unbedingt wissen, wie ein Esel richtig gestriegelt und gebürstet wird, wie die Hufe zu reinigen sind und wie der Esel richtig beladen wird. All diesen Tätigkeiten ist viel Zeit und Aufmerksamkeit zu widmen.

Meistens fallen die oft nur kleinen Probleme genau dann auf, wenn man früh am Morgen den Esel aus der Koppel holt und sich in aller Ruhe um das Tier kümmert. Nur ein kurzer Blick ist garantiert zu wenig! Laufen Sie erst mal ein paar Meter und achten Sie dabei auf die Schritte des Esels. Oft treten sich kleine Steinchen ein, und manchmal sieht es so aus, als würde der Esel beim Laufen etwas wegknicken. Das kann daran liegen, dass er sich ein scharfkantiges Steinchen eingetreten hat. Das Problem hat seine Ursache in den zumeist weichen Böden Europas und den zu geringen Laufstrecken der Tiere. Dazu die fetten, saftigen Wiesen – und überall schmeckt es doch so gut …

Ende vom Lied: So mancher Esel ist leicht adipös und die Hufe – ursprünglich für harte, trockene Untergründe entstanden – sind zu weich, werden zu wenig bewegt und laufen sich oft nicht weit genug ab. Widmen Sie den Hufen viel, viel Aufmerksamkeit, und wenn Ihre EselvermieterIn nicht von selbst explizit Bezug darauf nimmt, dann bitten Sie sie, Ihnen zu zeigen, wie die Hufpflege vonstattenzugehen hat. Keine Bange, Esel sind geduldige, friedfertige Tiere. Ich habe es nie erlebt, dass ein Esel austritt.

Ich stelle mich zur Hufpflege immer direkt neben meinen Narcisse, den ich vorher am kurzen Führstrick angebunden habe, dann lehne ich mich auf Höhe der Vorderbeine, z. B. mit meiner linken Seite an seine linke Seite (der Blick geht also in Richtung Schwanz), dadurch stütze ich ihn automatisch etwas ab, und wir haben eine schöne, vertrauensfördernde Kontaktfläche. Anschließend fahre ich mit der Hand vom Knie an abwärts bis hinunter zum Huf, ziehe vorsichtig sein Bein nach oben und kratze mit einem Hufräumer – es geht aber auch ein Schraubendreher – vorsichtig allen Schmutz heraus. Danach kann ich in aller Ruhe prüfen, ob sich irgendwo ein Steinchen oder ein harter Holzsplitter eingetreten hat. Solche kleinen Fremdkörper werden umgehend entfernt. Sie könnten sich sonst leicht unter der Last weiter in den Huf hineinarbeiten, und das muss wirklich nicht sein. So verfahre ich mit jedem Eselbein, und ich hatte immer den Eindruck, dass mein Narcisse diese Handgriffe auch zu schätzen weiß.

Sind Sie mit den Hufen fertig, ist die Fellpflege an der Reihe. Der große Vorteil dieser Tätigkeit ist die gleichzeitige Kontrolle des ganzen Körpers, und Ihr Esel wird es Ihnen danken. Esel mögen das sehr; die vielen Berührungen sind jedem Wanderesel ein willkommener sozialer Kontakt.

Los geht's: Striegel sind sehr harte Bürsten, mit denen das Fell ruhig kreuz und quer gegen den Strich gebürstet und grob vorgereinigt wird. Für den Esel ist das wie eine Massage, aber die Fellpflege ist auch aus einem anderen Grund wichtig: Unbemerkte Sandklümpchen, Steine oder verfilzte Stellen im Fell scheuern unter dem Tragegestell oder den Riemen und verletzen das Tier. Also seien Sie gründlich und vergessen Sie nicht den Bauch. Gehen Sie an den Innenseiten der Beine etwas vorsichtiger vor, kümmern Sie sich

Gründliche Hufpflege ist von entscheidender Bedeutung

auch um die Mähne … machen Sie einfach eine komplette Runde um das Tier. Fellkraulen ist für Esel besonders wichtig – in der Herde stellen sich die Tiere oft aneinander und kratzen sich gegenseitig den Rücken mit den Zähnen. Nicht vergessen: Sie sind jetzt die Herde!

Gestriegelt werden aber nur die muskulösen Körperstellen, dann wird das Fell mit einer kräftigen Bürste glattgestrichen. Anschließend noch einmal mit den Händen schön das Fell durchstreicheln. Bürsten ist gut, Hände sind besser.

Ist der Esel vom Regen nass, wird nicht gestriegelt, sondern nur gebürstet, und dann sucht man mit den Fingern das Fell gründlich nach Unebenheiten ab. Anschließend legt man die Satteldecke oberhalb der Schultern auf und schiebt diese dann etwas in die Mitte des

Rückens. Tragegestell auflegen, Riemen festspannen und dann die möglichst gleichschwer gepackten Tragetaschen einhängen.

Das Tragegestell, oft auch Tragesattel oder Packsattel genannt, wird auf einer dicken Sattelunterlage aufgelegt. Es ist meistens ein schweres Holzgestell, das mit vier Riemen festgespannt wird. Die Taschen mit dem Gepäck werden dann darübergehängt. Ein Gurt läuft locker um die Brust – er verhindert bei Anstiegen das Zurückrutschen der Ladung –, zumeist zwei Gurte werden straff um den Bauch gespannt, und ein weiterer Riemen verläuft unterhalb des Schwanzes über die Hinterbeine – dieser Gurt verhindert ein Verrutschen der Ladung nach vorn.

Um ehrlich zu sein, ich mag diese ganzen Gestelle nicht. Ich finde sie zu schwer, die Riemen werden oft viel zu fest angezogen, sie können leicht scheuern und sind oft total dreckig. Wer mit seinem Esel nicht über Stock und Stein wandert, wer keine langen, schwierigen An- oder Abstiege zu meistern hat, der sollte darauf verzichten. Es gibt inzwischen auch große Sisalkörbe, die lose auf einer einfachen Decke liegen und nur durch ihr Eigengewicht gehalten werden. Perfekt. Man muss sie nur absolut gleichmäßig packen.

Nun sind Sie abmarschbereit, und während ich hier schreibe, denke ich voller Sehnsucht an meinen Esel. Ich fand die Zeit der Ruhe, diese ordnenden Handgriffe vor Tourbeginn und die Nähe zu meinem Esel auch für mich immer sehr erholsam. Einer Meditation gleich folgten meine Hände einem strengen Ablauf, und in der Gründlichkeit der einzelnen Schritte lag etwas sehr Entspannendes. Halfter anlegen, Führstrick, Esel kurz anbinden, Hufe reinigen und kontrollieren, striegeln, bürsten, streicheln. Dann die Satteldecke auflegen, Tragegestell festschnallen, Taschen packen, auf gleichmäßige Gewichtsverteilung prüfen, Taschen einhängen, ein Leckerli spendieren, ein Kuss auf die Stirn und los.

Eselbaby

So lange habe ich während der ganzen letzten Tage nicht geschlafen. Fast wäre ich zu spät zum Frühstück gekommen. Vorsichtig schaue ich mich um und stelle erleichtert fest, dass die wund gelaufenen Füße schon aufgestanden sind und ich mit frischen, neuen Bildern im Kopf in den Tag starten kann. Der Wäscheständer ist ebenfalls leer geräumt. Auch die Socken sind weg, Gott sei Dank. Ich hatte schon befürchtet, die Füße könnten sich ohne ihre Socken davongemacht haben. Aber so wie es aussieht, sind sie gemeinsam weitergewandert – oder in einem der Gepäcktaxis abgereist.

Schnell begrüße ich Narcisse, klammere die Zettel mit der Aufschrift „Bitte kein Brot füttern!" rechts und links ans Halfter und lasse den Esel aus seiner Koppel. Soll er ruhig mit dem Hotelhündchen etwas umherlaufen. Ich werde mich mit Wonne über das Frühstücksbuffet hermachen, und was danach kommt, das sehen wir dann. Mehrfach lade ich mir den Teller voll und bediene mich nach Herzenslust, während Narcisse draußen die Hotelgäste anbettelt.

Der Wuffi mit seinen kurzen Beinchen versucht es von unten, während mein Esel gleich von oben auf den Tisch guckt. Das da,

Links: Kleine Überraschung mit großen Ohren – das Eselbaby ist da

haben wollen! Er weiß, jeder hier hat ein Lunchpaket dabei, und versuchen kann man es ja mal. Wie er so ohne Hemmung seine Nase in fremde Angelegenheiten steckt, hat etwas Anrührendes. Er macht das ungemein charmant, und mir imponiert seine fröhliche Dreistigkeit. Genau davon sollte ich mir eine Scheibe abschneiden. Und obwohl schon vollgefressen, wende ich mich noch einmal dem Buffet zu. Da geht noch was.

Nach dem Frühstück bespreche ich mit Annabel, wo ich mein Zelt aufstellen kann. Da kein Bett frei ist, werde ich eine Nacht auf dem Campingplatz schlafen und meinem Süßen damit eine große Freude machen. Er liebt es, wenn er in meiner Nähe sein kann, und zum Campingplatz nehme ich ihn natürlich mit. Wenn er könnte, würde er sofort mit ins Zelt krabbeln. Nimm deinen dicken Kopp da raus, ich muss den Reißverschluss zumachen, damit keine Mücken reinkommen.

Ich räume meine Sachen ins Zelt, und weil die Sonne scheint, zupfe ich den Grauen am Ohr, woraufhin wir gemeinsam eine kleine Runde zum Fluss drehen. Ich suche einen Ort mit Sonne und Butterblumen, einer Sitzgelegenheit direkt am Wasser und etwas Sand zum Wälzen. So hat jeder seins und jeder wird glücklich. Das Plätschern des Wassers passt zu den Farben und dem Licht. Die ganze Stimmung ist so beschwingt, wie ich selber es bin.

Zurück in der Unterkunft packt mich der Tatendrang. Ich miste die Eselkoppel richtig aus, und während ich den Dreck wegschaffe und neues Stroh auslege, kommt plötzlich Armand angeschlendert. Gemeinsam setzen wir uns auf einen Espresso an die Bar, plaudern über seine letzten beiden Wandertage, tauschen Adressen und Telefonnummern aus. Dann spendiert er Narcisse eine Möhre und marschiert auch schon weiter.

Die Möhre ist ein gutes Stichwort, denke ich mir, und schlendere zurück zum Hotel, wo ich mir anschaue, was es zum Mittagessen alles geben wird. Der gesunde Appetit meines Esels scheint

Naturfarben in Stein und Schiefer. Haus in La Borie/La Salle-Prunet

ansteckend gewesen zu sein. Zur zeitlichen Überbrückung gönne ich mir noch einen Espresso, schreibe eine weitere Postkarte, schaue hoch – und da steht Marie vor mir. Einen Tag eher als geplant.

Wir packen alle Sachen in den Transporter, dann muss ich Narcisse heranführen, weil der so tut, als würde er Marie nicht kennen. Offenbar ist er beleidigt, weil Marie ihn auf eine so weite Reise geschickt hat. Schnell verabschiede ich mich von Annabel, schiebe Narcisse in den Hänger, und keine halbe Stunde später sind wir unterwegs – mit einem kleinen Umweg über La Borie, wo wir an der Station La Ferme de Cévennes (ein Ort, den ich nur empfehlen kann) noch einen Esel abholen, der mit einem Schweizer Ehepaar für eine kleine Strecke unterwegs war.

Narcisse darf, während wir warten, aus dem Hänger heraus. Ich streife umher und schaue mir die kleine Käsefabrik an, die sich unterhalb des Gîte befindet. Wenn ich das nächste Mal nach Le

Ein Abschiedskuss für Narcisse

Plagnal zu Marie und den Eseln komme, dann werde ich hier Rast machen. Die letzten Unterkünfte waren doch etwas zu schlicht, und nach den Schlechtwettertagen sehne ich mich nach etwas Romantik. Das hier muss ich mir merken. La Borie liegt abseits der üblichen Route etwas versteckt in den Bergen und Wäldern des Parc National des Cévennes. Gebäude und Feldbegrenzungen aus Naturstein, kleine Terrassen, ringsherum Wald und etwas weiter unten im Tal der Fluss, die Mimente. Ein ruhiger, einladender Ort zwischen Saint-Julien-d'Arpaon und La Salle-Prunet, von Florac aus leicht zu erreichen. Schon mache ich Pläne für den nächsten Urlaub.

Während ich Narcisse in meine Absichten einweihe, spitzt der die Ohren und hebt den Kopf. Ich folge seinem Blick – da kommen die beiden Wanderer mit dem anderen Esel. Jetzt gibt es kein Halten mehr. Narcisse stürmt los, und freudig reiben die Tiere ihre Köpfe aneinander. Während wir Menschen noch etwas plaudern, bleiben die beiden ganz dicht beieinander. Da war ich wohl für fast zwei Wochen der menschliche Ersatzesel, Bezugspunkt und dringend benötigte Gesellschaft. Eigentlich sollte man nicht allein mit einem Esel wandern.

Ich sitze, den Kopf voller Erlebnisse, neben Marie im LKW, schaue immer wieder durch das kleine Fenster nach hinten zu den Eseln. Unterwegs entdecken wir unsere gemeinsame Liebe zur Musik der Sinti und Roma. Marie sucht die „Suite Arménienne" von Les Yeux Noirs aus der Playlist heraus. Ein junger Mann am Straßenrand entpuppt sich als ihr Sohn, und es gibt ein großes Hallo. In Langogne kaufen wir Pizza, dann ist es nur noch ein Stück bis nach Le Plagnal, wo eine kleine Überraschung in Gestalt eines entzückenden Eselbabys auf uns wartet.

Da steht sie, die kleine Eseldame, noch auf wackligen Beinen, mit riesigen Schlappohren. Marie ist außer sich vor Glück. Ich lasse die beiden Esel aus dem Hänger, stoße mir dabei den Kopf, dass es blutet, und zu allem Überfluss beißt mich nur Minuten später ein Esel im Gedränge um trockenes Brot in den Daumen. Vor Schmerzen schreie ich laut auf; diese Wunde blutet noch heftiger als die Schramme über der Stirn.

Was für ein Tag. Marie verarztet mich und fährt dann erst mal heim. Ich stehe noch eine Weile an der Koppel und betrachte voller Freude das kleine Poitou-Eselbaby. Alles andere ist vergessen. Der Finger ist noch dran und lässt sich bewegen. Ich muss mir keine Sorgen um mein Klavier und das Saxofon machen. Ich schiebe Baloo vor die Tür, damit er Wache hält, lege mich hin und schlafe sofort ein. Für eine letzte Nacht bin ich der König vom Eselhof.

Abreise

Es soll ein kurzer, unsentimentaler Abschied werden. Zeitig bin ich auf, und während ich hinausgehen will, um nach dem Eselbaby zu schauen, kommt Baloo herein, guckt traurig in seinen Futternapf und wird von mir erst mal so richtig ordentlich verköstigt. Hunger geht vor. Für mich sind Tüten dieser Größe und Gewichtsklasse eher Zementsäcke, für Baloo ist es der Frühstücksbeutel. Hau rein, Kumpel. Sein dankbarer Blick macht mich glücklich. Den Riesen zum Freund zu haben fühlt sich gut an. Wenn er nur etwas besser riechen würde …

Ach ja, Eselbaby! Da Baloo keine Anstalten macht mitzukommen, stapfe ich in Gummistiefeln hoch zur Mutter-Kind-Koppel, mache ein paar Fotos und schicke Marie ein großes Eselbaby-Okay. In all den Tagen habe ich das Telefon genau zweimal benutzt, jetzt mag ich mir gar nicht vorstellen, wie oft es ab kommenden Montag wieder klingeln wird. Wie ich diese Ruhe vermissen werde.

Ich packe meine Sachen ins Auto, Baloo packt sich wieder neben den Ölradiator. Dann stecke ich Narcisse, der mal wieder ausgebüchst ist und frei draußen rumspaziert, die letzten Leckerli ins Maul. Mit Marie, die auf einen Sprung vorbeikommt, trinke ich noch einen Kaffee. Wir verabschieden uns, und Marie fährt direkt wieder los. Ich aber trödele vor mich hin und suche Gründe, das

Unausweichliche noch etwas hinauszuzögern. Doch irgendwann ist nichts mehr zu tun. Ich schließe die Tür, kraule Baloo den riesigen Schädel, hänge ihm den Schlüssel um den Hals, streichle ganz vorsichtig das Eselbaby und fahre ab.

Nicht heulen, Erik, sage ich mir. Damit es nicht zu sentimental wird, suche ich die CD mit der Filmmusik zu „Schwarze Katze, Weißer Kater“ heraus, drücke auf Play und lasse Fanfare Ciocărlia den Titelsong „Bubamara“ in voller Lautstärke spielen. Heute weiß ich endlich, was diesem verrückten Film gefehlt hat. Narcisse.

Kurz vor der Straße steht der Esel und stromert wieder frei in der Gegend herum. Zwölf Tage waren er und ich unzertrennlich, zehn Tage wanderten wir über 230 Kilometer weit und haben viel gesehen und erlebt. Mach's gut, du lieber Esel. Nächstes Jahr sehen wir uns wieder. Versprochen. Ich steige aus und drücke ihm einen Kuss zwischen die Ohren. Ein Blick zurück aufs Haus und die Koppel mit den vielen Eseln. In Gedanken verabschiede ich mich von diesem Ort und meinem Esel. Hallo! Was ist hier denn los? Der Esel steckt seinen ganzen Kopf ins Auto und versucht, die Kekstüte auf dem Beifahrersitz zu erreichen.

Es endet wie es anfing. Fresssack du. Willst du mit? Wollen wir in Deutschland wandern? In diesem Moment fällt mir wieder dieses tolle Wort ein, welches ich Marie verdanke und welches völlig ausreicht, um alles zu beschreiben, was ich erlebte und wie ich mich jetzt fühle: WUNDERGUT.

Auf den Esel gekommen

Ich sage es gleich dazu, es hat mich schwer erwischt. Fast auf den Tag genau ein Jahr später stehe ich wieder auf der Eselkoppel in Le Plagnal, rufe einmal laut „Narcisse!“, klappere mit dem Schlüsselbund, und schon kommt der Esel angetrabt. Erst langsam, dann schnell, und auf den letzten Metern rennen wir uns entgegen. Wir fallen uns in die Arme, wenn man das bei einem Esel so sagen kann, und es dauert eine gute Viertelstunde, bis ich mich um die anderen Tiere kümmern kann. Gribouille, das Poitou-Eselbaby vom letzten Jahr, ist eine richtig junge Dame geworden und darf schon jetzt getrost als Wuchtbrumme bezeichnet werden.

Endlich lerne ich auch Henry kennen – ich durfte seinen Namen bestimmen –, und so nach und nach kommen alle an und wollen gekrault werden. Hals hier und Ohren da, Rebelle legt mir seinen Kopf auf die Schultern, und Tonnerre pirscht sich gleich rückwärts heran. Der kommt ohne Umschweife zur Sache … kratz mir das Hinterteil. Momentchen, geht gleich los, erst mal muss ich meinem Narcisse die Ohren kraulen.

Stunden später beziehe ich mein Zimmer bei Marie, lasse Kater Bernie in meiner Reisetasche wohnen und stecke Baloo unterm

Links: Wiedersehen nach einem Jahr

Tisch ein Stück Pizza zu. Für die nächsten zwei Wochen bin ich wieder der König vom Eselhof. Ich baue eine neue große Koppel, die einen direkten Zugang zum Fluss hat. Marie zeigt mir, wie man Traktor fährt und Heuballen ausliefert – Menschen, die Heuballen ausliefern, werden von Eseln besonders geschätzt. Zusammen mit der Tierärztin impfen wir die Herde durch, und Gribouille macht ihre ersten Schritte am Führstrick. Was für ein Leben!

Narcisse ist immer in meiner Nähe. Wir nutzen die freien Stunden für kleinere Ausflüge in die Umgebung. Die Zeit vergeht wie im Flug, die neue Koppel ist ein Paradies, und am Ende des Urlaubs frage ich Marie zum ersten Mal, was ein Esel so kosten würde. Nur mal so als Idee, für die Zukunft und überhaupt. „Du denkst an Narcisse?“, fragt sie mich lachend und fügt freundlich hinzu, dass Narcisse sich sehr für die Wiesen in Berlin interessiert.

„Erik, wo hast du mit Leo für deine Eselwanderung geübt? War das nicht in der Nähe von Berlin? Das ist bestimmt eine gute Gegend.“ Mein Herz macht einen Sprung, und der Kopf macht sofort Pläne. „Das war in der Uckermark, Marie. Dort gibt es viele Esel, und ich werde fragen, ob Narcisse dort leben kann.“ So langsam sollte ich anfangen, an die Zukunft zu denken. An eine Zukunft mit wenig Rente, einer bezahlbaren Wohnung weit weg von Berlin und einem Esel in der Nähe. Wie lange wird Narcisse als Wanderesel die Touristen durch die Cevennen begleiten? Ob wir wohl unser Rentenalter gemeinsam verbringen können? Wann werde ich die Voraussetzungen organisiert haben, damit mein Narcisse ein gutes Leben in meiner Nähe haben wird?

Es sind genau diese Fragen, mit denen ich nach Hause fahre und ein weiteres Jahr später wiederkomme. Le Plagnal und die Esel, Marie, ihre Tochter Doriane und Baloo sind die tollste Urlaubsfamilie, die man sich wünschen kann. Ein weiteres Jahr später bin ich schon wieder in Frankreich. Jetzt werden die Pläne konkret. Ich werde meinen Job kündigen und mir eine Arbeit suchen, die mich mehr ausfüllt, die mich nach Feierabend weniger bindet und die mir den Raum für mehr Bewegung in der Natur lässt. Diese stundenlangen täglichen Autofahrten meiner Außendiensttätigkeit erscheinen mir von Woche zu Woche weniger sinnvoll. Das Verkehrschaos in Berlin verschlingt Stunde um Stunde, und wenn ich auch nur den kleinsten Beitrag für etwas mehr Umwelt- und Klimaschutz leisten kann, dann möchte ich das gerne tun. Naturnah, lokal und aktiv.

Zudem nicht ganz ohne Eigennutz. Meine Ideen und Ziele sollen mir meinen Narcisse näherbringen. In Gedanken sehe den Esel und mich schon Seite an Seite wie zwei Landstreicher durch die Uckermark ziehen. Ich schaue mir die Blümchen an, er frisst sie ab. Das wird ein Spaß. Man muss ja nicht um die halbe Welt fliegen, wenn man sich in schönster Natur bewegen und erholen will.

Vielfältig sind die Möglichkeiten für einen umweltschonenden Eselurlaub. Wer z. B. Gribouille kennenlernen will, die jetzt in Rumänien Dienst tut, kann im Trascău-Gebirge eine reizvolle Eselwanderung durch die Landschaft der Apuseni-Berge (Siebenbürger Westkarpaten) in Transsilvanien unternehmen. Fragen Sie nach Maria Mada von der **Casa Butnarului** (www.casabutnarului.ro) und grüßen Sie Gribouille von mir.

Aber für mich sind selbst die Reiseziele Europas noch viel zu weit weg, wenn ich an zukünftige gemeinsame Touren mit Narcisse denke. In der Eifel z. B. kann man sich bei **Eselwandern-Eifel** (www.eselwandern-eifel.de) direkt am Barsberg so richtig entschleunigen lassen. Wohin man auch schaut, ganz Deutschland scheint auf den Esel zu kommen. Ob **RuhrEsel** (www. ruhresel.de) oder Eselführungen in **Ilsenburg** (www.eselwandern-im-harz.de) und **Eselwanderungen mit Herz und Huf** durch die Lüneburger Heide (www.scholling-coaching.de) – die Möglichkeiten für naturnahe Reiseziele könnten vielfältiger kaum sein.

Und auch die Berliner kommen voll auf ihre Kosten. Das Umland der Hauptstadt ist eseltechnisch betrachtet ziemlich weit vorn. Die Uckermark, wo man bereits mittwochs sehen kann, wer sonnabends zu Besuch kommt, ist nah bei Berlin. Ich liebe diese platte Landschaft. Im Havelland bei Paaren/Glien sind die **Eselfreunde** (www.esel-freunde.de) zu Hause, und auch von hier aus kann man ausgedehnte Eselwanderungen unternehmen. Voraussetzung ist der Erwerb eines Eselführerscheins, dann kann es auch schon losgehen.

In Stüdenitz-Schönermark ist **IA Eseltrekking** (www.ia-eseltrekking.de) beheimatet, in Lunow-Stolzenhagen werden von **Packeseltouren Brandenburg** (www.packeseltouren-brandenburg.de) ganzjährig ebenfalls kleine Eselwanderungen angeboten, und in Flieth-Stegelitz habe ich mit **Celine Aktiv Reisen** (www.celine-aktiv-reisen.de) eine weitere Anbieterin von Eselwanderungen fast schon vor der Haustür – und inzwischen auch die Zusage, dass der Narcisse hier willkommen ist.

Man muss auch mal Glück haben. Neugierig wie ich bin (eine weitere Gemeinsamkeit mit meinem Esel), nutzte ich die letzten warmen Septembertage für eine erste Eselwanderung hier in Deutschland. Elias, so heißt der kleine Esel an meiner Seite, ist ein toller Kerl. Wir starten in Grünheide, ganz in der Nähe des Oberuckersees, wandern durch Schmiedeberg, wo ich mir die Laubenganghäuser anschaue, und folgen einem traumhaften Weg bis nach Biesenbrow. Hier wurde der Dichter Ehm Welk geboren, dessen Buch „Die Heiden von Kummerow" sicher noch einige Leser kennen dürften. Gemeinsam wandern wir auf den zugewachsenen Gleisen einer alten Bahnstrecke, kommen durch Ziethenmühle, Breitenteicher Mühle und folgen der Welse bis nach Welsow. Krönender Abschluss dieser traumhaften Dreitage-Eseltour ist der Lennépark von Görlsdorf.

Danke Elias, und wenn alles nach Plan läuft, wirst du meinen Narcisse schon bald kennenlernen.

Impressum

Liebe Leserinnen und Leser,
hat Ihnen unser Buch gefallen? Falls ja, freuen wir uns, wenn Sie es weiterempfehlen – Ihren Freunden, Verwandten, Kollegen, Nachbarn, dem Buchhändler Ihres Vertrauens und allen, die auf der Suche nach einem Reisebuch-Tipp sind, zum Beispiel bei Online-Händlern. Wenn Sie Kritik oder Korrekturen haben, erreichen sie uns über www.gu.de – und natürlich auch, wenn Sie uns Ihr Lob auf direktem Weg zukommen lassen möchten.

2. Auflage 2021
ISBN 978-3-8342-3065-2

Redaktion: Wilhelm Klemm
Lektorat: Martin Waller, Werkstatt München • Buchproduktion
Bildredaktion: Nora Goth
Layout & Umschlaggestaltung: independent Medien-Design, Horst Moser (Artdirektion)
Illustrationen: Patrick Tümmers, Tümmersdesign
Herstellung: Gloria Schlayer
Satz: Tim Schulz, Mainz
Druck & Bindung: Drukarnia Dimograf Sp.zo.o.

B2B-Editionen schneidern wir nach Ihren Wünschen. Bei Interesse:
Roswitha.Riedel@graefe-und-unzer.de
GRÄFE UND UNZER VERLAG
Postfach 86 03 66
81630 München
www.gu.de

Bildnachweis
Titelbild (Esel in den Bergen), shutterstock: Terence Baelen
Innenteil: alle Bilder Erik Kormann (privat); außer S. 26 Alamy Stock: Christian Guy; S. 31 shutterstock: Budimir Jevtic; S. 130 AdobeStock: Gerald; S. 144 mauritius images: Patrick Kunkel

GRÄFE UND UNZER

Ein Unternehmen der
GANSKE VERLAGSGRUPPE